# フットボール風土記

Jクラブが「ある土地」と「ない土地」の物語

宇都宮徹壱
TETSUICHI UTSUNOMIYA

KANZEN

# フットボール風土記

## Jクラブが「ある土地」と「ない土地」の物語

文・写真
宇都宮徹壱

イラストレーション
Aki Ishibashi

ブックデザイン
アルビレオ

DTPオペレーション
NOVO

編集協力
片山 実紀

編集
石沢 鉄平
(株式会社カンゼン)

目次

# なぜ、フットボール「風土記」なのか

## まえがきに代えて

風土記と書いて「ふどき」と読む。

風土記とは何か？　辞書を引くと《奈良時代、地方の文化風土や地勢などを国ごとに記録編纂し、天皇に献上させた報告書》とある。とはいえ、これは狭義の意味で、一般には《地方の歴史や文物を記した地誌のことを指す》とのこと。

では、地誌とは何か？　さらに辞書を引くと《地理上の特定地域をさまざまな要素（自然、地形、気候、人口、交通、産業、歴史、文化など）を加味して、その地域性を論じた書籍。郷土誌》とある。これだ。これしかない！

かくして、本書のタイトルは『フットボール風土記』と決まった。

ファンには周知のとおり、私たちの周りにはフットボールの情報が溢れ返っている。日本代表、Jリーグ、あるいはヨーロッパのリーグと、そこで活躍する日本人選手たち。ありとあらゆる情報が、試合終了直後から翌日にかけてインターネット上でアップされ、消費され、そして忘れ去られていく。その送り手のひとりとして、私自身、この業界で20年以上にわたり禄を食んできた。

確かに、取材現場は楽しい。楽しいからこそ、ここまで続けてこられたのだと思う。しかし2020年、新型コロナウイルスの世界的な感染拡大が、すべてを激変させてしまった。そして、スポーツも移動も厳しく制限される中、私はこれまでの自分の仕事について、深く見直すことを余儀なくされた。

日々刻々更新されていた、試合結果と順位表。目まぐるしく変化していた、選手の移籍や監督人事。それらが一斉に止まって、不気味な静寂が訪れた。その後、深刻なコンテンツ不足に陥ったスポーツメディアは、過去の名勝負やレジェンドたちの「物語」を掘り起こしては、蘇らせることに腐心するようになる。その突然の変わりようが、私にはとても奇妙に思えた。

ここ最近のスポーツメディアは、世界中から集まってくる膨大な情報を、いかに効率よく取捨選択し、タイミングよく消費者に届けてページビューを稼ぐかに血道を上げてきた。そこに、余裕や遊びの要素が入り込むことは稀で、確たるニーズがなければ過去を振り返ることもなかった。次から次へと、新しい情報が更新されていったからだ。

勝った、負けた、引き分けた。優勝した、昇格した、あるいは降格した。毎シーズンのようにドラマが繰り返され、新しいヒーローが生まれては消えてゆく。しかし一方で、それぞれのクラブには、それぞれの土地に根ざした重層的な物語も存在する。その物語には速報性はないものの、とても魅惑的で奥深く、さまざまな人々の思いと偶然で出来上がっている。

こうした、フットボールと土地の物語を拾い集める仕事を続けてきて、かれこれ20年以上になる。ヨーロッパの辺境地で、そして日本全国津々浦々で。国内では、Jリーグに所属するクラブも取材してきたが、最初はJリーグを目指す地域リーグのクラブを追いかけていた。

地域リーグというのは、Jリーグ（現在はJ1、J2、J3）の下部リーグであるJFLのさらに下、全国9地域に分かれたリーグ（北から、北海道、東北、関東、北信越、東海、関西、中国、四国、九州）。さらにその下には、46の都府県リーグと、北海道の4つのブロックリーグが存在する。

JFLは全国リーグなので、遠方のクラブがこちらに来てくれることもある。しかし地域リーグ以下となると、現地に赴くしかない。かくして全国メディアが取り上げることのない、それぞれの土地のフットボールをめぐる私の旅は続くこととなる。国内での地方行脚を始めたのは2005年から。このマイナーなカテゴリーに関する書籍も、本書が3作目となる。

『フットボール風土記』の説明に戻ろう。その名のとおり本書は、フットボールがある土地についての地誌であり、郷土誌である。カバーしているカテゴリーは、JFLと地域リーグに加えて、さらにその下の県リーグにも対象を広げた。

本書では、Jを目指すクラブ、目指さないクラブ、両方を分け隔てなく取材している。ただし、前作の『サッカーおくのほそ道』以上に意識したのが、クラブがよって立つ「土地」へのフォーカスであった。

本書に登場するホームタウンは全部で12。北は帯広から南は宮崎まで、全国9地域をカバーしている。これに加えて、地域リーグからJFLに昇格するための大会である地域CL（全国地域サッカーチャンピオンズリーグ）、そして地域CL出場権が得られるトーナメント大会の全社（全国社会人サッカー選手権大会）についても、個別の章を設けた（ちなみに20年の全社はコロナ禍の影響により中止となった）。

幸いにして、世界中のスポーツイベントが少しずつ再開し、フットボールの情報も日々刻々と更新されるようになった。安堵すると同時に、中断期間中に重宝されてきた、不要不急の「物語」が一掃されてしまったのは、いささか残念に思えてならない。

私自身はネットメディアで育てられた書き手であるが、これから披露する「物語」の数々はネットではなく、もはや書籍の中でしか存在し得ないのかもしれない。そんなわけで、まさに風土記の書き手になったような気分で、本書の執筆にあたった。

なお、本書に登場する組織名や人物の役職および年齢は、いずれも取材当時のもの。文中の敬称はすべて略したことを付記しておく。

# 第1章
# かくも厳しき全国リーグへの道

全国地域サッカーチャンピオンズリーグ

――2016年・霜月

「非常に残念な結果。私自身は決勝ラウンドに（ほぼ）行けるというのを知って試合に臨みました。当然、グループの1位で突破すると。でも、さすがに0対3というのは完敗でした」

ＦＣ今治の指揮官、吉武博文は敗戦の悔しさを押し殺したような表情で、こう語った。

ＪＦＬ昇格を懸けた、地域ＣＬ（全国地域サッカーチャンピオンズリーグ）２０１６、愛媛県の西条市ひうち陸上競技場で行われた1次ラウンド。２試合を終えた時点で今治は、２連勝の勝ち点6、得失点差は+11にまで積み上げて首位に立っていた。

そして迎えた、11月13日の1次ラウンド3試合目。最後に対戦したヴィアティン三重は、同勝ち点で得失点差は+8。この大会では同点の場合、延長戦なしのＰＫ戦が行われ、ＰＫ戦勝者には勝ち点2、敗者には1が与えられる。よって今治が、このグループを1位でフィニッシュするには、勝ち点2以上を積み重ねる必要があった。

昨年まで「地域決勝」もしくは「地決」の名で親しまれてきた全国地域リーグ決勝大会は、第40回大会を迎える今年から名称が地域ＣＬに変わった。とはいえ、レギュレーションは前回大会と同じ。全国9つの地域リーグの優勝チームに、全社（全国社会人サッカー選手権大会）を勝ち抜いた3チーム（全社枠）、合計12チームが3つのグループに分かれて1次ラウンドを戦い、各グループの1位と最も成績の良い2位（ワイルドカード）が、11月25日から27日にかけて行われる、決勝ラウンドに進出することができる。

今治対三重の試合が行われたのは、最終日の第2試合。実は他会場の1位と2位は、10時45分キックオフの第1試合で、すでに決まっていた。他のグループには、勝ち点7に到達した2位チームはなかったため、今治はたとえ敗れてもワイルドカードは堅いと予想されていた。

とはいえ、全社枠で出場している三重に0対3で敗れるとは、さすがに想像していなかっただろう。監督の吉武も選手も、そして会長兼CMO（チーフ・メソッド・オフィサー）である、元日本代表監督の岡田武史も——。

この試合、三重は何人かのキーとなる選手を入れ替えてきた。なかでも目を引いたのは、ブラジルから帰化した長身DFの太倉坐《でそうざ》ドゥグラスをベンチに置き、ボランチの高田祥生をセンターバックに下げたことだ。三重は今治と、決勝ラウンドでも対戦するのが確実。となれば、情報戦を含んだラインナップだったのだろうか。試合後に三重の監督、海津英志にその点について確認すると、「戦術的な判断です」という明快な答えが返ってきた。

「第1戦と第2戦は、おそらくこっちがボールを支配するだろうと。相手が引いてブロックする中では、セットプレーが大事になるので、ドゥグラスの高さを使うというのはありました。

Deloitte.

ASAHI
GLOVAL
13
ASAHI
GLOVAL
3

この3戦目は、今治がボールを動かしてくるということで、背後にすっと入ってこられる時にドゥグラスだと対応が難しい。それと、彼らはたぶん高さを使った攻撃はしてこない。だったら、背後に入ってくる相手への対応として、スピードのある高田を使うというのは、こっちに来る前から考えていました」

今治のポゼッションサッカーには、相手に対策を立てられやすいという欠点がある。四国リーグでの今治は、圧倒的なポゼッションと洗練されたパスワークで、相手をことごとくねじ伏せることができた。しかし実力があるチームに、ストロングポイントを消される戦術で向かってこられると、途端に沈黙を強いられてしまう。

加えてこのチームには、ポゼッションサッカーが封じられた時の「プランB」が存在しない。よって3点リードされたゲーム終盤でも、今治は愚直にパスを回しながらゴールを目指すしかなかった。

幸いにして今治は、ワイルドカードでクラブ史上初となる、地域CL決勝ラウンド進出を果たした。しかし1次ラウンドでの完敗は、千葉県市原市で再戦する三重のみならず、鈴鹿アンリミテッドFCや三菱水島FCにも勇気を与えたはずだ。そして当の今治にとっても、この試合で突きつけられた現実は、非常に重いものとなった。

「チャンピオンズリーグを名乗ったのに、チャンピオンが1チームしかいない」――そんな書き込みをSNS上で見かけた。

地域決勝から地域CLに名称変更して、最初の年の決勝ラウンド。会場のゼットエーオリプリスタジアムに集結する4チームのうち、地域リーグを制して辿り着いたのは、四国チャンピオンのFC今治だけ。しかも、ワイルドカードで辛くも滑り込んだ格好である。

ところで今大会、私は限りなくFC今治目線で取材しているのだが、その理由について説明しておく必要があるだろう。大きな理由はもちろん、岡田武史の存在である。

岡田が今治のオーナーとなって最初のシーズンとなる2015年から、メディアパートナーとなったスポーツナビで、私はFC今治の連載を担当することになった。元日本代表監督の岡田が、人口およそ17万人弱の地方都市のクラブ代表となり、将来のJリーグ入りを目指す。しかも『岡田メソッド』なる独自の指導方法で、日本のトップリーグを、アジアを、そして世界を目指すというのだ。この壮大なプランに、中央のメディアが飛びつかないはずがない。

結果として、今治を震源として地域リーグの風景は一変した。四国リーグしかり、地域CLしかり。ほんの数年前まで、私のような物好きしか訪れなかった取材現場に、中央の大手メディアの記者やフォトグラファーが殺到するようになったのである。

とはいえ、そのこと自体に何ら問題はない。私が気になったのは、JFL昇格の難しさを知らない取材者が「この程度のレベルなら今治は楽勝でしょう?」などという、根拠のない楽観的な空気を持ち込んでいたことだ。前回大会、今治が1次ラウンドで敗退した理由の一端は、まさにそこにあったというのが私の見立てである。

幸いにして今治は、二度目のチャレンジで初の決勝ラウンド進出を果たした。とはいえ、決戦の地で待ち受ける3チームは、いずれも曲者揃いである。

まず初戦で対戦するのが、今季東海リーグ2位の鈴鹿アンリミテッドFC。コスモ石油四日市FC以来、実に21年ぶりとなる三重県からの全国リーグ昇格、さらには将来のJリーグ入りを目指すクラブである。かつてはFC鈴鹿ランポーレというクラブ名で、2012年と14年の東海リーグで優勝。地域決勝にも2回出場しているが、いずれも1次ラウンドで敗退している。ユニフォームの背中に「お嬢様聖水」というロゴが入っていることでも有名（植物発酵エナジードリンクらしい）。地域リーグファンの一部からは「お嬢様」と呼ばれている。

とはいえ、この「お嬢様」は侮れない。全社の5連戦は東海リーグ得点王の北野純也が4ゴール、前ブラウブリッツ秋田の柿本健太が3ゴールを挙げて、攻撃陣の充実ぶりが窺えた。また前水戸ホーリーホックの小澤司は、正確無比なキックに定評があり、三重との準決勝では見事な直接FKを決めている。この3人がキープレーヤーであることは間違いないが、特定の選手のみに依存しているというわけでもない。

全社の5試合、鈴鹿は18人の選手をターンオーバーしながら、きっちり勝ち上がっている。全試合にスタメン出場したのは、センターバックの藤田大道のみ。5日連続の全社で、こうした戦い方で勝ち抜くというのは、実はかなり難易度が高い。それを可能ならしめるのは、チームを率いる小澤宏一監督の卓越したチームマネジメントもさることながら、連戦を通じて個々の選手が成長していったことも大きかった。地域CLの1次ラウンドでも、3試合をいずれも90分で勝利しており、エースの北野は3試合連続でゴールを挙げている。

そんな鈴鹿に対し、「ポゼッションを高めていけば勝てる」と考えるのは禁物だ。短期決戦の地域CLでは、初戦での勝利が極めて重要な意味を持つ。それだけに、試合展開によっては「自分たちのサッカー」を捨てる覚悟が、今治には求められるのかもしれない。

鈴鹿の次に今治が対戦するのが、1次ラウンドで0対3と敗れているヴィアティン三重である。2012年にヴィアティンFCというクラブ名で設立され、三重県3部からスタート。以降、1年ごとにカテゴリーを上げ、設立わずか5年目でJFL昇格まであと一歩となった。ヴィアティン桑名として臨んだ14年の天皇杯では、県1部ながらセレッソ大阪と延長戦までもつれる接戦を演じ（2対4で敗戦）、「あわやジャイアントキリング」として話題にもなっている。ちなみにヴィアティンとは、オランダ語で「14」の意味（ただし発音は「フィールティン」）。チームカラーもオレンジで、ヨハン・クライフへの強いシンパシーが感じられる。

キープレーヤーは3人。ブラジルから帰化して、FWもセンターバックもできる太倉坐ドゥグラス。元モンテディオ山形で、トップ下のポジションから多彩な攻撃を仕掛ける坂井将吾。そしてJFL時代の藤枝MYFCなどでプレーし、存在感ある1トップとして君臨する藤牧祥吾。だが、三重の強さを支えているのは、今年で監督就任3年目となる海津英志であろう。

実際、全国大会での指揮官の采配は、見事なほどに冴え渡っている。全社で対戦した、いわきFCに対しては「フィジカルでは敵わないが、テクニックでなら勝てる」ことを見抜いて、直接競らずにセカンドボールを拾って前に送るという戦術を徹底。先の今治との対戦でも「あまり引っ張り出されないようにして、大事なポイントのところだけ対応する」ことで、相手のパスワークを寸断することに成功した。リベンジを目指す今治としては、ここで同じ過ちを繰り返すことは許されない。


3日目に対戦する三菱水島FCは、鈴鹿や三重と比べるとかなり異色のチームである。まず純然たる企業チームであること、次にカウンター主体のスタイルであること、そして目標が「是が非でも昇格ではない」ことである。

三菱水島は、かつては2005年から5シーズン、JFLに所属していたが、親会社の経営悪化により09年にJFLから退会。翌10年は、中国リーグからも受け入れられず、さらにその下の岡山県1部から再スタートしている。11年に中国リーグに昇格後も、しばらく全国の舞台から遠ざかっていたが、先の全社での優勝でにわかに注目を集めるようになった。

三菱水島は、ある意味「奇跡のチーム」である。全員が本業を持っているため（三菱自動車の社員ではない選手もいる）、平日夜の練習に集まれるのは6人ほど。全社や地域CLでも、平日は仕事があるため、チームから離脱する選手もいたくらいだ。全社では5試合中3試合、1次ラウンドでは3試合中2試合で第2GKがベンチに不在（全社決勝では夜勤明けでベンチ入りしたとの情報もある）。そんなチーム状態にもかかわらず、全社で優勝し、なおかつ地域CLの決勝ラウンド進出を果たしたのだから侮れない。

実は三菱水島は今年、親会社の不祥事（燃費データの改竄問題）を受けて、天皇杯予選の参加を辞退している。それゆえ今回の全社は「力試しみたいな感じだった」と菅慎監督は告白している。ただし会社の体力を鑑みるに、おそらくJFL昇格は望んではいないだろう。

ノープレッシャーゆえのチャレンジ精神、そして「自分たちにはカウンターしかない」という割り切りこそが、実は彼らの一番の強みなのかもしれない。個々の技量では今治がはるかに上だし、際立った能力を持った選手もいない。それでも、彼らの堅い守備とカウンターがはまれば、今治にとっても脅威となるはずだ。

決勝ラウンド初日は11月25日。会場となる千葉県市原市は、前日に季節外れの雪が降ったものの、この日は快晴となった。これから3日連続のJFL昇格を懸けた死闘がスタートする。

第1試合、10時45分キックオフのヴィアティン三重対三菱水島FCは、2対1で三重が勝利。そして第2試合は13時30分。いよいよFC今治が、鈴鹿アンリミテッドFCとの初戦を迎えることとなった。

試合が始まると、今治の前線に見慣れない選手がいることに気付く。左ウイングで起用されていた、20番の小野田将人である。どちらかというと、守備のバックアッパーとして扱われることが多い選手。監督の吉武博文いわく「もともとはFWをやっていた」そうだが、攻撃面での貢献はあまり期待できそうにないと思われた。ところがこの小野田、本職がセンターバックだけに1対1では負けないし、小柄な選手が多い今治の中では180センチと上背もある。小野田の前線からのプレッシングは、左サイドバックの中野圭の攻撃参加を促進させた。

この起用は、19分に実を結ぶことになる。前線での小野田からのパスを受けた中野の低いクロスに、桑島良汰が右足ダイレクトでネットを揺らして今治が先制。このゴールで重圧から解放されたものの、以後は鈴鹿のアグレッシブなプレーに阻まれて、持ち前のポゼッションサッカーをなかなか展開できない。57分、小澤のFKから吉川拓也に高い打点から決められ、ついに今治は同点に追いつかれてしまう。

空中戦という弱点を突かれてしまったが、それでも選手たちの気持ちが折れることはなかった。66分、水谷拓磨からの縦パスを受けた桑島が、巧みに反転して今度は左足で決めて、これが決勝点となった。今治は重要な初戦で、勝ち点3を確保する。

試合後、今治の吉武監督は「守備はすごく頑張ったが、ボールを長く保持するというところでは、そんなにいいゲームではなかった」と指摘。確かに指揮官が理想とする、ポゼッションを高めて主導権を握るサッカーは、序盤の20分くらいしか続かなかった。

とはいえ、地域CLで何より求められるのは、内容以上に結果。この日の今治は、ポゼッションが通用しなくなると、ショートカウンターとドリブル主体に切り替え、さらには1対1の局面でも安易なパスに逃げずにしっかり戦えていた。「なんだ、やればできるじゃないか!」と苦笑したくなるほど、この日の今治の選手たちからは、逞しさと泥臭さが感じられた。

2日目の11月26日、FC今治は1次ラウンドで苦杯を喫したヴィアティン三重と対戦した。両者ともに決勝ラウンド初戦に勝利しているので、この試合で連勝すればJFL昇格に向けて大きく前進することになる。

三重の要注意人物は、1トップで君臨する長身FWの藤牧祥吾、そして先の対戦で2ゴールを挙げているトップ下の岩崎晃也である。一方の今治は、初戦からメンバーを3人入れ替えてきた。両ウイングは右に上村岬、左に長島滉大、そしてアンカーのポジションにはDFの斉藤誠治が入る。

さて、いつもは今治が攻めるゴール裏にカメラを構えている私だが、この試合の前半はあえて反対側に回った。1次ラウンドの三重戦で崩壊した守備を、今治がどう立て直してくるのかを確認したかったからだ。ゲームが始まると、斉藤が藤牧にほぼ密着マークをしていることに気付いた。一方の岩崎に対しては、この日はセンターバックに起用された小野田がしっかり対応している。彼らはそれぞれ、相手のキーマンを消すための刺客の役割を担っていた。

そうこうするうちに、今治に待望の先制ゴールが生まれる。31分、上村が放ったFKに中野がヘディングで反応。上背はそれほどないものの、セットプレー時の巧みな駆け引きとポジショニングに定評がある中野の、まさに真骨頂とも言えるゴールであった。

三重の海津監督は「セットプレーでの失点は想定外」と語っている。だが前半終了間際の42分、さらに想定外のアクシデントが彼らを襲った。長島のドリブル突破に手を焼いていた右サイドバックの田中優毅が、ファウルを連発して2枚目のイエローカードで退場となる。

「あれでイエローが出るのか！」と、この日のレフェリングに納得できない様子の海津。とはいえ、たとえ退場がなかったとしても、長島のドリブル突破を抑え切ることは厳しかっただろう。この長島こそ、今治が放った第3の刺客であった。田中の退場を見届けると、長島は「仕事したぜ！」と言わんばかりに、今度は右サイドのポジションに回った。

相手が10人となったことで、今治のポゼッションサッカーはさらに猛威をふるうことになった。そして三重のミスを突く形で、得点を重ねてゆく。50分、金井龍生のロングボールを相手DFがクリア。これを拾った桑島が、素早くコントロールして左足で追加点を決める。74分には、相手のハンドにより今治にPKが与えられ、これを中野が冷静に決めた。

1次ラウンドでの大敗から2週間後、同じ3対0というスコアで見事リベンジを果たした今治は、勝ち点を6に積み上げることに成功。続く第2試合で鈴鹿アンリミテッドFCが三菱水島FCに3対0で勝利したことで、今治はJFL昇格の条件となる2位以内を確定させることとなった。

「自分は喜びを表現するのは苦手なんですが（笑）、今日は皆さんと一緒に昇格を喜びたいと思います。来年には今治に5000人収容のスタジアムが完成します。皆さんがワクワクするようなサッカーを展開しますので、ぜひスタジアムを満員にしましょう！」

普段はめったに見せない満面の笑みを浮かべながら、吉武監督は今治から駆け付けたサポーターにこう訴えた。地域CL決勝ラウンド最終日となる11月27日、すでにJFL昇格を確定させていたFC今治は、三菱水島FCとの第3戦に3対0で勝利。第1試合では、ヴィアティン三重が鈴鹿アンリミテッドFCに4対1で勝利したため、1位の今治と2位の三重が来季から戦いの舞台をJFLに移すことになった。

正直なところ、三重よりも今治の昇格のほうが、私にとっては意外な結果に思えた。非常に明確なコンセプト、そして洗練された戦術を持つ今治は、その明確さと洗練さゆえに今大会は苦しむと予想していた。だが、手痛い敗戦を喫したのは1次ラウンドの三重戦のみ。その敗戦も、決勝ラウンドを勝ち抜くための糧となった。

今大会の今治は、1次ラウンドの対戦相手に恵まれていた。三重との第3戦までに得失点差を稼いでおいて、ワイルドカードで決勝ラウンドに進出することは、ある程度は想定できる展開であった。しかし、1次ラウンド終了から決勝ラウンドまでのわずか11日間で、チームは豹変。それまでの緻密にパスをつなぐスタイルから、球際でのバトルに負けない強さを発揮するようになり、しかも相手のウイークポイントを執拗に攻め立てるではないか。このような戦い方は、まったくもって想定外であった。

球際が強くなったことに関して、吉武は「メンタルとフィジカルのコンディションを上げたということ。大したことではない」と語っている。確かにそうなのかもしれない。だが、これまで構築してきたサッカーに、圧倒的な自信とプライドを持っていた指揮官が、そうそう結果にこだわるスタイルに変更できるとは思えない。何か、重要なファクターがあったはずだ。

その答えを握っていたのは、大会期間中もずっと、吉武の隣に座っていた人物であろう。

「地域CLが終わって2日後に今治に戻ったんだけど、やはり地元はすごかったですね。昇格記念Tシャツは1日で売り切れたみたいだし、街中では皆さんから『おめでとうございます！』って声をかけられるし。サッカー関係者からも、まぁ止まらないくらいメールが届いたよね。大袈裟ではなく、6年前のワールドカップ(南アフリカ大会)で勝った時以上でしたよ」

大会終了から数日後、岡田武史へのインタビュー取材が実現した。都内の指定された場所には、秘書兼運転手になったばかりの息子も一緒だった。昇格の重圧から解放されたからか、この日の岡田は終始リラックスした表情で質問に応じてくれた。まずは、1次ラウンドでヴィア

上：JFL昇格を決めたFC今治の吉武博文監督。最後は満面の笑みだった
下：サポーターに昇格の報告をするヴィアティン三重の海津英志監督

ティン三重に敗れた時の話から。

「僕自身、このまま（1位で決勝ラウンドに）行けると思ったもん。それで3試合目に臨んだら、あの結果ですよ。立ち上がりの段階で、ボールに詰める甘さとか、取られてからの切り替えの遅さとかは気になっていました。とにかく気迫が感じられない。『俺たち上手いから、そのうち点が入るだろう』という慢心があったんだろうね。そうしたら、10分間で立て続けに3失点。だからハーフタイムで『お前ら、いい加減にしろ！』と怒鳴ったんですよ（苦笑）」

三重戦について「あれはやっぱり、負けるべくして負けた試合だったね」と語る岡田。とはいえ、衝撃的な敗戦だったことは間違いない。そこから決勝ラウンドまでの11日間、当人はどこまで現場に関与したのだろうか。

クラブの公式サイトによれば、試合翌日の午前にクールダウンをしたあと、チームは2日間を完全オフにしている。その意図について問うと、こんな答えが返ってきた。

「ウチはフィジカルコーチがいないんだけれど、どのタイミングで、どれくらいの負荷をかければいいか、というのは僕の得意分野なんですよ。だから今治に戻ってから2日休ませて、そこからピークを2回作りました。球際のトレーニングは、その時に集中してやりましたね。あと、全体でのプレッシングの確認も。千葉に移動してからはペースを落として、雪や雨が降ったので室内トレーニングに切り替えました」

その匙加減は絶妙だった。本番を迎えた今治の選手たちは、昇格のプレッシャーに押し潰されることなく、むしろ貪欲にボールを狩りにいく姿勢を貫いて相手を圧倒した。

「要するに、意識の問題だったんですよ」と岡田。そして、こう続ける。

「1次ラウンドの三重戦も、ボール際での意識がなかったわけではない。ただ、試合の入り方がおかしかったので、ああいう失点を重ねてしまった。その意味で、決勝ラウンドでの入り方は素晴らしかった。やっぱり、あの大会で重要なのは戦術なんかではなくて、ボール際でどれだけ必死になれるか。そういうところが大事なんだよね」

この人が言うと、やはり説得力が違う。

ちなみに、決勝ラウンドでのマンツーマンディフェンスについては、岡田のサジェスチョンを吉武がアレンジしたものだという。そんな指揮官について「俺も経験があるからわかるけれど、監督は全責任を負って決断しなければならないからね。吉武は勇気あるなと思ったよ」と、岡田は手放しで絶賛することを忘れなかった。

いずれにせよ、これで今治は四国リーグを卒業し、来季から全国リーグに活動の舞台を移すこととなった。これでまた地域CLは、私のような物好きだけが集まる、静かな大会に戻っていくことだろう。いろいろと思うところはあるが、長くこの大会を取材してきた私にとっても、実に思い出深い地域CLとなった。

そして、ふと思いだすのが、2010年のワールドカップである。日本代表監督だった岡田武史は大会直前、それまでの戦術やフォーメーションをひっくり返し、相手の弱点を徹底的に突くサッカーに大きく方針転換している。結果、３戦全敗必至と思われていたチームを、見事にベスト16にまで押し上げることに成功した。

それから６年後、今度は地域ＣＬという舞台で、またしても同じストーリーを目の当たりにすることとなったのである。

この業界で禄を食むジャーナリストは多いが、ワールドカップと地域ＣＬを継続的に取材している変わり者は、私くらいなものである。カテゴリーにこだわらない、さまざまな現場での取材を積み重ねることで、ふいに訪れる僥倖。だから、この仕事はやめられない。

# 第2章
# 親会社の都合に翻弄されて

三菱水島FC
――2017年・睦月

「会場に来ていた記者の皆さんが、ウチが負けるのを期待していたのは、感じていましたよ。実際、われわれは2点を追う展開でしたけど、それ以前に注目度が一番低かったですからね。Jリーグを目指しているわけでもないし。でも、だからこそ、一泡吹かせてやりたいという気持ちはありました」

三菱水島FCの指揮官、菅慎の言葉に頷きながら、その日の光景を思いだしていた。

昨年11月26日、千葉県市原市のゼットエーオリプリスタジアムで開催されていた、地域CL（全国地域サッカーチャンピオンズリーグ）決勝ラウンド2日目。この日の第1試合、FC今治が3対0でヴィアティン三重に勝利したことで、がぜん注目を集めることになったのが、第2試合の三菱水島FC対鈴鹿アンリミテッドFCであった。

記者たちのお目当ては、元日本代表監督の岡田武史が代表を務める今治である。この日の勝利で、勝ち点を6に積み上げた今治は、昇格の条件となる地域CL2位以内を、ほぼ手中に収めていた。あとは、この第2試合で三菱水島が90分以内で敗れれば、明日の大会最終日を待たずして、今治のＪＦＬ昇格が決まる。

試合終盤の83分、三菱水島は3失点目を喫する。すると、寒さをしのぐため記者室から戦況を見守っていた各局の撮影スタッフが、バラバラとピッチレベルに姿を現した。ただし、カメラのレンズは試合ではなく、スタンドで勝敗の行方を注視するＦＣ今治の代表に向けられていた。もちろん、昇格が決まった瞬間の、岡田の表情を押さえるためである。

35歳のベテランＭＦ山下聡也は、少し自虐を交えながら、その時の思いを語る。

「今治みたいに『勝って当たり前』みたいなチームは、取材しても面白くないんじゃないですかね。その点、ウチは面白いですよ。ベンチにはサブのＧＫがいないこともあるし、仕事で試合に来られない選手もいるし、練習に6人しか集まらない日もあるし、使っているボールは2000円だし（笑）。そんなチームが全社（全国社会人サッカー選手権大会）で優勝して、地域ＣＬの決勝ラウンドに進出したんですから。なんで僕らに注目しないのかな」

地域ＣＬ決勝ラウンドは、優勝した今治と2位の三重がＪＦＬ昇格を果たした。4位に終わった三菱水島は3戦全敗。将来のＪリーグ入りを目指す他の3チームに比べると、純然たるアマチュアであり、親会社も事実上、ＪＦＬでの活動を認めていない。

だが三菱水島は、決して単なる「やられ役」ではなかった。山下が指摘するとおり、彼らが全社を制しているという事実は看過すべきではない。ちなみに同大会に出場した鈴鹿は2位、三重は3位、今治は愛媛での開催だったにもかかわらず、2回戦でＰＫ戦の末に敗退している。

この大会で地域CLの出場権を獲得した三菱水島は、富山で行われた1次ラウンドも3戦全勝で突破。この年の中国リーグで3位に終わった企業チームが、ここまで台風の目となることを予想した人は、当事者たちも含めてほとんどいなかったはずだ。

数々の驚きと伝説、そして少なからずの「疑問」を残して、三菱水島は今治フィーバーに沸くゼットエーオリプリから、静かに去っていった。あれから1カ月と2週間。地域CLの取材現場で、ずっと抱いてきた「疑問」を明らかにするべく、東京から5時間以上をかけて、彼らの本拠地である岡山県倉敷市水島を訪れることにした。


新幹線のぞみに乗って、岡山駅で下車。そこから山陽本線で倉敷駅まで移動して、さらにワンマン電車の水島臨海鉄道に乗り換える。倉敷市駅から水島駅までは、およそ25分。何とものんびりしたローカル線の旅である。

水島に到着してまず驚いたのが、ほとんど人気《ひとけ》が感じられないことだ。かつては企業城下町として栄えていたが、今は見事なまでのシャッター商店街ぶりである。グーグルマップに従って歩みを進めると、やがて照明塔に囲まれた、三菱水島の専用グラウンドが見えてくる。

ここから親会社である、三菱自動車工業株式会社水島製作所までは、文字通り目と鼻の先。ロケーションは抜群なのだが、残念ながらグラウンドは固い土で、かなりデコボコしている。しかもサッカーのみならず、野球部とラグビー部も使用しているそうだ。よくぞこのような環境から、全社優勝を達成できたものだと思う。と同時に、三菱水島FCというクラブが、この地に刻んできた歴史に、しばし思いをめぐらせてみたくもなる。

終戦から間もない1946年、社内のレクリエーションを目的にサッカー部が誕生。当時の名称は、三菱自工水島であった。チームは79年に中国リーグに昇格。2年後の81年に最下位で岡山県リーグに降格するも、90年に中国リーグに復帰すると、以後15シーズンにわたり、常に優勝争いができるチームにまで成長する。

そして04年、クラブに大きな変化が訪れる。中国リーグ3連覇を果たしたこの年、地域CLの前身である地域決勝で、三菱水島は見事に優勝してしまったのである。

「してしまった」と書いたのは、もちろん理由がある。この当時は大会規定により、昇格条件をクリアしたチームは「JFLに上がらなければならなかった」からだ。

当時の監督で、定年後はシニア再雇用で会社に籍を置きながら総監督を務める熊代正志。還暦を過ぎた今、苦笑いを浮かべながら、当時を回想する。

「あの頃は（上を）目指そうという感じではなくて、なんか中国リーグに優勝したら地域決勝に行かんといけん。それに優勝したから、今度はJFLに行かないけんわね、という感じだったんですよ（笑）。しかも、大会前には誓約書に会社の印鑑を押さないといけんかった。要は『昇格を辞退しません』ということですね。そこで当時の所長に掛け合ったら『押さんといけんのか？　じゃあ押すわ』という感じで（苦笑）」

関係者の話を聞く限り、社内はもちろんサッカー部内にも「全国リーグを戦い抜く大変さ」というものが、当時はきちんと理解されていなかったようだ。でなければ「じゃあ押すわ」という判断には至らなかっただろう。

ともあれ、まずはJFL仕様の体制作りに着手しなければならない。運営の責任者である、実行委員に任命されたのは、熊代の妻の智子であった。

熊代夫妻は社内結婚である。智子はサッカーについては素人だったが、夫をサポートする形でマネージャーとなり、JFL昇格を機に退社。以後は主婦業をしながら、三菱水島の運営に専念することとなる。

ピッチ内は夫の正志、ピッチ外は妻の智子。この家内制クラブ運営に対しては、良くも悪くも「熊代FC」と呼ばれていたことを今回の取材で初めて知った。

結果として、JFLでの5シーズンは惨憺たる結果に終わる。ルーキーイヤーの05年は、16チーム中16位。18チームとなった06年以降は、17位、15位、18位、18位に終わっている。自力残留は07年のみ。残りのシーズンは、東京と大阪の佐川急便SC合併や、上位チームのJ2昇格などで、三菱水島は最下位にもかかわらずJFLに留まり続けた。一見「ラッキー」ではあるが、このことがのちに、クラブに深刻なダメージを与えることになる。

三菱水島は、これまでに二度、親会社の都合による辛酸を味わっている。ひとつは09年のJ

FL退会。もうひとつは、16年の天皇杯予選辞退だ。

前者は08年のリーマンショックが、後者はその年に発覚した三菱自動車の燃費データ改竄問題が原因である。いずれも、選手たちにとっては如何ともしがたい、というよりも彼ら自身が被害者だったと言っていい。

もっとも、当事者たちにそのことを語らせるのは、いささか酷な話であろう。ここでは、外側にいた人間の証言を紹介したい。向原章史は、JFL時代からの三菱水島のサポーター。09年のJFL退会のことは、当然ながら鮮明に覚えていた。

「実は09年のシーズンは、ギリギリまで参加できるか結論が出なかったと聞いています。会社からゴーサインが出たのが開幕2日前。もし参加を見合わせていたら、あちこちにご迷惑をかけることになったでしょうね。結局、そのシーズンはJFLで活動しましたが、11月にマスコミの人を通じて退会することを知りました。その後、せめて中国リーグへの降格で済むように、サポーター有志が署名活動をしてリーグの理事会に持っていったんですが、門前払いになったそうです」

三菱水島の以前も以後も、JFLを退会するクラブはあった。しかし、退会後も同じ名称で存続した例は（不祥事による活動休止を経て社会人リーグから撤退した国士舘大学を除けば）三菱水島のみである。

09年の三菱水島は、自動降格となる18位に終わった。しかし退会の場合、中国リーグへの降

20
12
菱
MOTORS
FOOTBALL
CLUB

041-060
けろ

格では済まされない。県リーグのさらに下、備中2部まで降格することも一時は検討されたという。結局、関係者の粘り強い交渉の末、県1部からの再スタートが決定。ただし、活動再開は容易ではなかった。メンバーは四散して残ったのは7名のみ。必死で新たなメンバーをかき集め、監督の熊代もメンバー登録した（県リーグでは、1試合だけ途中出場している。この時、何と55歳！）。

幸い、県リーグで優勝した三菱水島は、11年には7シーズンぶりに中国リーグに復帰。その後は優勝することも降格することもなく、身の丈にあったリーグでの戦いを楽しんだ。そして13年から15年は、天皇杯予選を兼ねた岡山県サッカー選手権に3年連続で決勝に進出。いずれもファジアーノ岡山ネクスト（通称、ネクスファジ）に敗れてしまったが、15年の決勝ではPK戦にもつれ込む大接戦となった。

そのネクスファジも、16年いっぱいでの活動終了を発表。それだけに三菱水島の選手やスタッフは、この年の県選手権に期するものがあった。しかし前述のとおり、燃費データ改竄問題が発覚。協議の結果、県選手権は辞退することとなった。

天皇杯出場が懸かる決勝は、NHKでも中継される。親会社の不祥事により、2カ月半にわたって生産ラインが止まり、関連会社にも多大な迷惑をかけてしまった。ここで三菱ブランドを付けたサッカー部が、目立つわけにはいかない——。

この決定に対する、地元民の反応はどうだったのだろう。県リーグに落ちた10年より、三菱水島のユニフォームサプライヤーを続けてきたOKAフットボールの三宅理志は「辞退は納得できなかった」と言い切る。

「あれはショックでしたね。辞退そのものもそうですが、決勝でウチのブランドをアピールできなかったのは痛手でした。不祥事についてですか？　三菱はその前にも問題を起こしているので（00年と04年のリコール隠し）、地元民としては『またか』という思いはあります。でも、三菱ブランドを傷つけたのは（水島製作所ではなく）東京にいる上の人たちでしょ？　何で三菱水島が、その責任をとらなければならないんでしょうかね？」

アマチュアクラブにとっての天皇杯は、プロクラブ以上に重い意味を持つ。より高いレベルの相手と真剣勝負ができ、しかも全国的な注目を集めることができるからだ。三菱水島の選手たちの無念は、いかばかりであったか。

そんな彼らにとって救いだったのは、全社予選は辞退せずに済んだことだ。県選手権とは異なり、全社予選は中国エリアの代表を決める大会であるため、辞退すれば他の県協会にも迷惑がかかる。また、天皇杯予選と比べれば目立たない大会でもあった。

この全社予選を突破した三菱水島は、10月22日から愛媛で開催された全社の本大会に出場。ここから彼らは、周囲を驚かす快進撃を見せる。高知ユナイテッドSCに4対3、アイデンティみらいに2対1、松江シティFCに1対0、ジョイフル本田つくばFCに2対0、そして決勝では鈴鹿アンリミテッドＦＣに２対２からＰＫ戦（５対３）で勝ち切り、見事に初優勝を果たした。

全社での三菱水島は、その戦術も非常に際立っていた。システムはオーソドックスな４－４－２。まず守備から入り、ボールを奪ったら前線の高瀬翔太にロングパスを送り、セカンドトップの宮澤龍二がフォローする。実際、全社５試合の11得点のうち、半数以上の６得点を高瀬が決めている。とはいえ、前出の山下によれば「ウチはカウンターだけではない」そうだ。

「実はリーグ戦では、パスをつなぐサッカーが中心でした。（地域ＣＬ）決勝ラウンドでの鈴鹿戦でも、後半からポゼッションに切り替えていましたし。ただ、全社の相手に自分たちのパスサッカーは通用しないだろうと。確実に勝ち上がるためには、まずはしっかり守って、奪ったら２トップに任せるというのを徹底させました。それが見事にはまりましたね」

もうひとつ、全社での三菱水島が特徴的だったのが、メンバー構成である。スタメンはずっと５試合固定。リザーブも５～６人しかおらず、控えＧＫがいない試合が３試合もあった。

実は三菱水島の登録選手25名のうち、15名が社外の選手。そのため休みを合わせられず、選手起用には常に頭を悩ませていたと監督の菅は語る。

「準々決勝と決勝で控えＧＫだった中村（直人）は、夜勤明け。正ＧＫの松本（祐樹）も、試合が終わったら水島に戻って仕事をして、次の日に駆けつける、ということを繰り返していました。まあ、会場が愛媛だったからできたことですが」

そのような厳しいチーム事情にもかかわらず、三菱水島は出場32チームの頂点に立ち、地域CLへの出場権も獲得した。彼らがこの大会に出場するのは、JFL昇格を決めた04年以来のこと。当時、大卒ルーキーとして全試合に出場していた山下は、富山で行われた1次ラウンドのチームの雰囲気を「楽しかった」と懐かしむ。

「ここまで来ると、監督も欲が出てきたのか、ミーティングも長くなっていったんです。でも、集中力が続かなくて眠っている選手もいましたね（笑）。僕は、長すぎるミーティングもスカウティングも必要ない、という立場でした。自分たちの試合が終わったら、次の試合を観ないで、皆で一緒に飯を食う。そこで今日の試合について、いろいろ話すほうが、よっぽど有意義で楽しいと思ったからです。そういう楽しい時間を、できるだけ長く続けたいという気持ちがあったからこそ、あの厳しい日程を戦えたんだと思います」

この1次ラウンドでも、三菱水島のカウンター戦法は冴え渡り、FC刈谷に3対2、コバルトーレ女川に1対0、そしてアルティスタ東御に2対1と、各地域のチャンピオンを相次いで撃破。三菱水島の「楽しい時間」は、とうとう決勝ラウンドまで続くことになった。

地域CLの決勝ラウンドを取材しながら、ずっと気になっていたことがある。それは「もし三菱水島が2位以内となったら、JFL昇格はどうなるのか」ということだ。

ここで留意すべきなのが、地域CLはJFL昇格の条件を満たしていても「降りることができる」大会になったということだ。つまり、会社の印鑑を押す必要もなくなったのである。
三菱水島は、たとえ地域CLで優勝したとしても、身の丈に合ったリーグでの活動を続けければ、代わりに3位のチームが昇格することになる。問題は三菱水島の内部で、そうしたアナウンスが一切なされていなかったことだ。

果たして彼らは、最初から昇格を諦めて大会に臨んでいたのか。それとも、心のどこかで期するものがあったのか——。そこが、私がずっと抱えていた「疑問」であり、今回の取材で是非とも確認したいことであった。

ところが、監督である菅と選手である山下、それぞれの思いは驚くほどに乖離していた。
「地域CL出場が決まった時に、会社と再確認しまして。その……もし勝ち上がったとしても、資金面や運営面を含めて（難しいから）、今のカテゴリーのままでやってくれと。ただし、選手たちには伝えませんでした。『2位以内になってもJFLに行けない』なんて言ったら、彼らのモチベーションは下がるでしょうし。これはあくまで、僕の判断でした」（菅）
「そりゃあ、選手としては上のカテゴリーでやりたいですよ。会社（の経営）が厳しいのはわかっているし、JFLに上がったからといって車が売れるとも思えない。それでも『何とかひっくり返らないかな』という微かな願いはありましたよ。だからこそ上がれないなら、そうはっきり言ってほしかった。それで僕らのモチベーションが下がることはない。雑草魂でここまでやってきたわけだし」（山下）

結果として、三菱水島は決勝ラウンドを3戦全敗で終え、来季も中国リーグで戦うことが決定。最後の今治戦を0対3で終えた選手たちは、皆が落胆の表情を浮かべていた。ただしそれは、昇格の夢を絶たれたというよりも、自分たちのサッカーが通用しなかったことに起因しているように感じられた。

一方、監督の菅と総監督の熊代は、どこかで安堵感もあったようだ。彼らが地域CLに求めていたのは、JFLに昇格することではなく「全社優勝がフロックでなかったことを証明する」こと。その目標は達成され、力及ばず4位に終わったことで、周囲の混乱も回避できた。昇格に喜びを爆発させる今治や三重とも、そして夢破れて涙を流す鈴鹿とも異なる、奇妙な余韻を感じさせながら、三菱水島の冒険は終わった。

大会後、親会社は全社優勝の祝賀パーティーを開催し、チームの精神的支柱として活躍した山下には「優秀社員賞」が贈られた。だが当人は、あまりうれしそうではない。

「優秀社員賞もいいですけど、もう少しサッカーをする環境を改善してほしいですね。いきなり人工芝というのは無理だとしても、せめてグラウンドのデコボコを慣らすための土は入れてほしい。練習が夜で照明が暗いから、足首を捻るリスクがすごくあるんですよ。雨が降ったら、すぐに大きな水たまりもできるし。あるいは、2000円のボールを4000円にしてくれるとかね。もちろん、そういうのを目的にサッカーを続けているわけではないんですけど」

結局のところ三菱水島FCというクラブは、JFLに昇格しようが、全社で優勝しようが、何も変わることはなさそうだ。

思えば2000年代初頭、岡山県サッカー協会から「Jクラブを目指さないか」という打診を受けた時もそうだった。この話を態代があっさり断ったため、仕方なく県協会は川崎製鉄水島サッカー部の流れを汲む、リバー・フリー・キッカーズの関係者と面会。その後、クラブはファジアーノ岡山FCとなって今に至っている。

現場の立場からすれば、何も変わらず、変えようともしない親会社に、時に苛立ちを覚えることもあるかもしれない。しかし一方で、何も変わらず、変えようともしなかったからこそ、設立から71年もの歴史を刻むことができたとも言える。

親会社の姿勢を「生かさず殺さず」と揶揄するのは簡単である。しかし、JFL退会という窮地に際して、県1部からの再スタートという形でチームを存続させた関係者の努力と、それを容認した親会社の寛容さは、もっと評価されてよいのではないか。幾多の企業チームが、「親会社の都合」で活動休止を余儀なくされてきた歴史を思えば、なおさらであろう。

三菱水島FCと親会社の事例は、およそ「美談」と呼べるものではないけれど、実に多くの示唆を含んでいるように思えてならない。

# 第3章

# 県1部からJリーグに「否」を叫ぶ

いわきFC

――2017年・長月

いわきFCの先制ゴールが決まった時、手元のストップウォッチは、まだ1分も経過していなかった。

決めたのは、背番号24の飯干雄斗。中央大学から今季入団したばかりの23歳で、かつてはU－18日本代表にも選ばれたこともある。分厚い胸板、太い首、そしてがっしりした下半身。「日本のフィジカルスタンダードを変える」という、クラブのスローガンをそのまま体現したような堂々たる体格である。

その後もいわきFCは、21分と22分、そして32分と33分にゴールを挙げて、5対0でハーフタイムを迎える。41分で終了のホイッスルが鳴って慌てたが、どうやら40分ハーフらしい。これまでさまざまなアンダーカテゴリーの現場を経験しているが、福島県1部の取材は今回が初めてだった。

後半に入っても、いわきFCの無慈悲な攻撃は続く。50分に飯干が6点目を決めてハットトリック。その8分後には、筑波大学から今季加入した高柳昴平もハットトリックを達成する。

対戦相手のＦＣアルカトラズは、この展開を予期していたのだろう。失点を食らっても、特段に落ち込むわけでも怒りを露わにするでもなく、粛々と試合を続けている。だが、彼ら以上に粛々としていたのは、いわきＦＣのほうだ。ゴールが決まっても、喜ぶ表情をまったく見せず、自らボールをセンターサークルに運んでいく。その繰り返しは80分間で9回続いた。

「結局のところ、いわきＦＣにとっての県リーグって、ルーティンというか、ある種のトレーニングなんですよね。今日もベストメンバーというわけではない。10番の平岡（将豪）も出ていなかったでしょ。ウチにとってはボロ勝ちする県リーグよりも、Ｊクラブとのトレーニングマッチのほうが重要なんですよ」

県リーグの位置付けについて、いわきＦＣのサポーターのひとりはこう証言してくれた。彼の言葉が決して大袈裟なものでないことは、試合後の田村雄三監督のコメントからも裏付けることができる。

今日の狙いについては「相手に5本以上のパスをつながせないようにして、トレーニングの一環として負荷をかけた」。メンバー交代がなかったことについては「最近のリーグ戦はずっとそう。この11人で試合して、しっかり負荷をかけようと」。彼らにとっての県リーグとは「負荷をかける場」でしかない。

例年よりも4カ月早く、4月22日から開幕した今年の天皇杯。その2回戦（6月21日）で旋風を巻き起こしたのが、いわきＦＣであった。北海道コンサドーレ札幌との2回戦では、2対

2から延長戦に突入し、一挙に3点を挙げて、カテゴリーが6つ上の相手を圧倒した。

かくして、いわきFCは県1部のアマチュアクラブながら、全国ニュースでも取り上げられる存在となった。そしてボールを使ったトレーニングよりも、ウェイトトレーニングやストレングストレーニングのほうに重点を置く型破りな強化方針に、多くのメディアが注目し、大々的に取り上げられるようになった。

確かに、このクラブを理解する上で、フィジカルは欠かすことのできない重要な要素である。だが、スタートアップの時点からウォッチしてきた立場から言わせていただくならば、いわきFCにとってのフィジカルは、その全貌のほんの一部でしかない。

一見すると「風変わりなクラブ」が、実は日本のサッカー界に革命を起こそうとしている――。そんなミステリアスなストーリーを、これから披露することにしたい。

いわきFCの代表取締役社長、大倉智は「モノ言う社長」である。ただし、モノ言う相手は現場ではない。「お上」である。

今回の天皇杯で、大会主催者であるJFAは《3回戦から準々決勝までの試合においては、対戦カードの下位カテゴリーチームが所属する都道府県の会場を優先して開催することとする》としていた。

ところが、いわきFCが清水エスパルスと対戦する3回戦(7月12日)の会場では、福島のとうほう・みんなのスタジアムではなく、なし崩しで清水のIAIスタジアムに決まってしまった。理由は、とうスタの収容人数が1万5000人以上でないこと（6500人）、そして夜間照明がなかったことだ。

この決定に対して、大倉はクラブの公式サイトを通じて異議申し立てをしている。いわく《平日のナイターゲームであることを考えても「1万5000人以上収容のスタジアムでの開催」を条件とすべきではないように思えます》。さらに《可動式のナイター設備を使用するなど、検討の余地はあったことが悔やまれます》とも。

その上で《現行の運営要綱は残念ながら、天皇杯が定める「サッカー普及」という大義と矛盾する部分があるように思えます》と結論付けている。「勇気ある発言ですね」と当人に水を向けると、大倉は苦笑しながらこう語る。

「（福島で試合が）できると解釈していたら、何の説明もなく『決定事項』として周知されたんです。『おかしいでしょ？』と言っても、明確な答えがない。『まあ大倉、穏便にやってくれよ』みたいな感じですよ」

周知のとおり、日本サッカー界には「学閥」というものがあり、さらには体育会的な上意下達が求められる空気がある。JFAやJリーグといった上位団体に対して、個人なりクラブなりが、心ならずも忖度を求められる場面もあるだろう。しかしいわきFCも、そして大倉自身も、そうした素振りは微塵も見せない。

大倉は1969年生まれ。早稲田大学卒業後、日立製作所に入社して柏レイソルの選手となり、以後はジュビロ磐田、ブランメル仙台、さらに渡米してジャクソンビル・サイクロンズでプレーする。

98年に引退後は、バルセロナのヨハン・クライフ国際大学でスポーツマネジメントを学ぶと、セレッソ大阪のチーム統括ディレクターを経て、04年に湘南ベルマーレへ。強化部長、GM、そして15年には代表取締役社長に就任した。

元Jリーガーが46歳でJクラブの社長に就任するというのは、ある意味、華々しいキャリアである。だが大倉は、Jクラブの社長という地位にやりがいを感じる一方で、宿痾とも言える「やりきれなさ」にも苛まれていた。

「僕がベルマーレに来た頃、予算規模が7億円くらいで、お客さんが3000人くらいでした。それが15年には、予算が倍の15億円、お客さんも平均で1万2000人くらい入るようになった。とはいえ、昇格や降格に一喜一憂する中、売上の半分くらいを選手の人件費に回さざるを得なくて、なかなかアカデミーや施設に投資できない。スポーツビジネスとして、どうなんだろう。そう考えるようになりました」

そんな時、アンダーアーマーの日本における総代理店、株式会社ドームの関係者から「ウチの安田が会いたいと言っている」という打診を受ける。それが大学時代の旧友、安田秀一との再会。安田は最初に就職した商社を退職後、起業してドームの取締役会長兼代表取締役CEO

となっていた。大倉と安田の、実に四半世紀ぶりの再会。いわきFCの奇跡の物語は、そこから始まった。

「日本人はある意味、スキルと技術に逃げている側面がある。世界に出て行くと必ずぶつかるのがフィジカルの問題。われわれは『日本のフィジカルスタンダードを変える』べく、この課題に取り組んでいきたい」

社長就任以来、大倉はことあるごとに、このような主張を続けている。「日本のフィジカルスタンダードを変える」というのは、いわきFCというクラブを理解する上で、極めて重要なキャッチフレーズ。とはいえ、単に「世界と戦うため」だけに、フィジカルを重視しているわけではない。実は興行面の効果も、大倉は見込んでいる。

「たとえばプロ野球選手。大谷翔平とかマーくん（田中将大）とかダルビッシュ（有）とか、190センチくらい身長があって胸板も分厚いから、近くで見たら圧倒されますよね。逆にJリーガーって、私服に着替えたら『何だ、俺らと同じじゃん』みたいな感じですよ。興行という観点でも、日本人選手はフィジカルスタンダードを変えていく必要があると思っています」

こうした大倉の発想に反発、あるいは嫌悪感を覚える向きも、おそらく一定数いることだろう。では、当の選手たちは、クラブの方針をどう考えているのだろうか。ここで、ふたりの選手の証言を紹介したい。

平岡将豪は95年生まれの22歳。JFAアカデミー福島の3期生で、14年にAC長野パルセ

IWAKI FC
UNDER ARMOUR

イロに入団。その後、アスルクラロ沼津（15年）、いわきFC（16年）への期限付き移籍を経て、今季から完全移籍した。

「カテゴリーは下ですけど、自分はもともと線が細いし、まだ若いのでいい経験になるかなと。こっちはスパイクやトレーニングウエア、それにサプリメントも全部支給されるのが有り難いですね。体重も骨格筋量も増えて、最近は何も考えずに歩いていると、よくぶつかるんです（笑）。こっちは、アカデミーとは真逆ですね。中学の頃は、バルサの試合ばっかり見せられて、いつも考えながらサッカーをやっていました。こっちは頭よりも身体。ボールを使った練習よりも、ダンベルを持ち上げている時間のほうが長いです」

榎本滉大は94年生まれの23歳。仙台大学時代、ベガルタ仙台の特別指定選手となり、今季はツエーゲン金沢に入団。この夏、いわきFCに期限付き移籍している。

「僕もフィジカルの必要性を感じて、こっちでお世話になることにしました。ただ、入団してすぐが『鍛錬期』だったので、キツかったですね。筋トレだけで2時間半くらい。走り込みも半端なくて、吐いている人もいたくらいです。あと最近『肉トレ』と称して、ものすごい量の肉を食べますね。支給されるサプリは4種類、プロテインが3種類。筋肉を回復するもの、睡眠時にタンパク質を補給するもの、いろいろあります。最近は身体も慣れてきて、競り負けなくなったし、着地の時もバランスを崩さなくなりました」

平岡はJFAアカデミー出身、榎本は特別指定選手としてJ1の空気を知っている。いずれも「エリート」と言ってよい存在だ。しかし彼らは今、元いたカテゴリーからうんと下の県リーグでプレーしている。加えて彼らは、トレーニングの合間に『ドームいわきベース』という巨大な物流センターで毎日4時間、立ちっぱなしの仕事に従事しているのだ。

「ここでの経験は、将来きっと役に立つと思います」

そう言い切る平岡と榎本。キャリアのピークを迎えるであろう5年後、彼らはどんな選手になっているのだろうか。

いわきFCの選手たちの職場である、ドームいわきベース。隣接するグラウンドとクラブハウスは、それぞれ『いわきFCフィールド』『いわきFCパーク』と命名されている。前者は昨年11月20日に、後者は今年7月15日にオープン。今ではスパリゾート・ハワイアンズと並ぶ、いわき市の新名所となっている。

最寄り駅のJR湯本駅から、タクシーでおよそ10分。緑豊かな周囲の風景から浮き上がったような、クラブカラーの赤で統一された3階建てのモダンな建物が見えてくる。スタジアムに併設されたものを除けば、これほど立派なクラブハウスは、J1クラブでもまずお目にかかることはない。施設の豪華さばかりが目につくが、この商業施設複合型クラブハウスには、いわきFCのスポーツに対する思想が色濃く反映されている。

まずは1階。ここには、アンダーアーマー直営のアウトレットショップ、そしてアトランティック・カーズのショールームがある。アトランティック・カーズとは、英国のロータスやアストンマーティンといった高級車を扱う販売店。アンダーアーマーの店はわかるとして、なぜ外車のショールームがあるのか？「そのほうが華やかですから（笑）」というのがクラブ広報の答え。ちなみにオープンしてから3カ月で、すでに数台の高級車が売れたのだそうだ。

続いて2階。ここにはドームアスリートハウス（DAH）、そして英会話のフリーコムがある。DAHは、アスリートに特化したトレーニングができる施設であり、一般的なスポーツジムでは見たこともないような最新のトレーニング器具が並ぶ。いわきFCの選手たちは、ここでウェイトトレーニングやストレングストレーニングを行っているのだが、一般会員も利用することができる。1回50分、全16回のパーソナルトレーニングとリカバリーの料金は「16万円＋税」とのこと。

もう一方のフリーコムは、いわきFCのオフィシャルパートナーであり、U－15の選手たちも定期的に利用している。これは「スポーツを通じて世界に通用する人材を育成する」というクラブの考え方によるもの。いわきFCは単にフィジカルを鍛えるだけでなく、英会話をはじめとする教育にも力を入れている。トレーニングと教育の場を同じ階に置くあたりにも、クラブが目指す方向性が透けて見える。

最上階の3階はレストランスペースとなっている。そのうち『Pizzeria e Craft Beer CRAFTSMAN』と『RED&BLUE CAFE』は、広々としたスペースを共有しており、店内に設置された大小6つのモニターには、いわきFCのプロモーションビデオや試合映像が流れている。そして、テラスの向こう側には人工芝のフィールドが広がり、ここから試合を観戦することも可能だ。ちなみに店内には無料WiFiも設置されていたので、取材の待ち時間で作業するのには大変有効だった。

この階には、他に『浅草今半』『寿司正』『矢場とん』といった店もある。いずれもカウンターのみのコンパクトで落ち着いた店構えで、特に浅草今半と寿司正は高級路線。実はいわきFCの試合前、私は今半でランチをいただいている。チョイスしたのは、最も安いすきやき丼で、それでも2000円。一瞬悩んだが、試合前に少しだけ贅沢を味わいたいという気分になる。県1部のアマチュアの試合なのに、客にそう思わせてしまうだけの高揚感。いわきFCパークには、間違いなくそれがある。

試合が行われる、いわきFCフィールドについても言及しておこう。

まず注目したいのは、ここは天然芝ではなく、イタリア製の人工芝が敷き詰められていることだ。確かに人工芝のほうが、管理に手間がかからないというメリットはある。だが、それ以上にクラブが重視したのが、このフィールドを一般にも開放することであった。

今回取材した県リーグの試合前、10時から12時までは一般開放の時間となっていた。覗いてみると、すでに100人くらいはいただろうか。皆が皆、サッカーやバドミントンやフリスビーなどを、思い思いに楽しんでいる。

圧倒的に多かったのが、若い子育て世代の家族。単に子供を遊ばせるだけではなく、親同士の交流の場にもなっているようで、子供も大人も実に生き生きした表情をしているのが印象的だ。30代前半と思しき父親に話を聞いてみた。

「いわき市って、こんなに広々とした遊び場がないんですよ。ですから、親としてはすごく助かりますね。それに週末はイオンモールみたいなところしか、行くところがないじゃないですか。お金がかかって仕方がない（苦笑）。こっちだと、出費はレストラン代だけで済むし、何より健康的なのがいいですよね」

思えば昨今、子供たちの遊び場はどんどん少なくなっている。公園ではボール遊びを禁じられ、学校の校庭もセキュリティの問題で使えなくなり、声を出せば近隣住人から「うるさい！」と怒鳴られる。だが、ここに来れば（日時は限定されるものの）、子供たちは大声を出しながらボール遊びができるし、大人たちも家族ぐるみの交流ができるのである。フィールドの無料開放は、実はクラブ側にとってもメリットのある話。ここで存分に遊んだ人たちは、かなりの確率でパークの施設にお金を落としてくれるからだ。

いわきFCパークといわきFCフィールド。両施設を訪れてみて、気付いたことが3点ある。第1に、クラブの巧みなイメージ戦略。第2に、スポーツを通してお金が回る仕組み作り。そして第3に、地域コミュニティの場としての機能である。

まず、イメージ戦略。ショップやカフェに流れている映像、そしてさまざまな場所に描かれたクラブエンブレムを見ていると、いわきFCがとにかくカッコよく見えてしまい、カテゴリーのことなどまったく気にならなくなってしまう。実際に試合を見れば、圧倒的な点差で勝利するのだから、誰もがいわきFCのファンになるだろう。

次に、お金が回る仕組み作り。いわきFCパークが、将来のスタジアム建設の雛形であることは間違いない。これだけの施設を、行政に頼るのではなく民間主導で建設し、さらに商業施設を併設することで、試合がない日でもお金を回していく。もちろんそれは、スタジアム作りの世界的トレンドではあるが、県1部で実践しているところに新しさがある。

そして、地域コミュニティの場としての機能については、人工芝グラウンドの一般開放を見れば明らかだ。

これらの発想は、確かに後発ゆえの強みも感じられるものの、Jリーグが四半世紀にわたって培ってきたものと比べると、明らかに異質である。ならば、いわきFCの革命的な発想は、どこから生まれたものなのだろうか。ここはやはり、本丸にも取材するしかない。

「ご存じのとおり、ウチはもともとテーピングの販売からスタートしていますが、設立当初から『社会の役に立たなければならない』という社是があったんです。すでにミズノさんやアシックスさんがある中、社会価値の創造がなければ自分たちの存在価値はない。本質的な価値とい

うものを、ちゃんと考えて真っ直ぐ進むのが、創業時からの理念です」

声の主は、ドームの取締役会長兼代表取締役CEO、安田秀一である。オフィスがあるのは、東京の有明コロシアム近くの倉庫街。そこに、日本のスポーツ界に革命を起こさんとする、彼らの拠点がある。案内された会議スペースの壁面には、長嶋茂雄と王貞治の直筆サインが入った、ジャイアンツのユニフォームが額装されていた。

日本で最も有名なプロスポーツチームである、読売巨人軍がアンダーアーマーと5年間のパートナーシップ契約を結んだのは、2014年12月のこと。この極めて難易度の高い契約を締結させたのがドームであり、その創業者である安田であった。

1996年、テーピングの輸入販売会社として設立されたドームは、昨年末の時点で社員339人、売上442億円というビッグカンパニーに成長して今に至っている。

安田とドームの物語については、ここではあえて深入りしない。私が知りたいのは、なぜ彼がいわきFCに莫大な投資をしているか、である。答えは、実に意外なものであった。

「一番のポイントは、いわきの物流センターの雇用です。大倉の話によると、J3くらいまでは、アルバイトしながらサッカーをしている選手が普通にいると。県の3部からスタートするとなったら、プロだけのチームになるのに8年くらいかかるわけで、だったらここにサッカーチームを作れば30人くらいの雇用が確保できるという話です」

「サッカーで地域を元気に」とか「子供たちに夢を」といった使い古されたレトリックではなく、

まずは「地域の雇用ありき」。ビジネス的には当然の発想だろうが、サッカー側の人間からすると非常に斬新に感じられる。

もともと安田は、アメリカンフットボールの出身で、サッカーはどちらかというと門外漢。それでも、彼なりにサッカーを理解しようと、いくつかのJクラブの社長との会談を重ねたが、いずれも自身のビジネス哲学と合致するものではなかったという。そんな中、大学時代から顔見知りだった大倉と、12年に再会を果たすこととなる。

「僕は法政でしたが、早稲田の彼は同世代のスターでしたよね。大倉は、それまで出会ったJクラブの社長と違って、ちゃんと聞く耳を持っていました。それに、ベルマーレやJリーグが抱えている問題もきちんと認識している。そこで、いわきに作る物流センターの話をしたら、『じゃあ、いわきでゼロからクラブを作ろう！』という話になったんです」

同世代ながら、まったくバックグラウンドが異なる、安田と大倉。しかし両者の間には、いくつかの重要なコンセンサスが見て取れる。そのひとつが「別にJリーグを目指さなくてもいいじゃないか」というもの。「だって、地方のクラブは儲かっていないし、スタジアムビジネスでも成功していないから」（安田）というのが、一番の理由である。

今年の全社（全国社会人サッカー選手権大会）では、2回戦でアミティエSC京都に敗れたため、いわきFCの飛び級でのJFL昇格の夢は絶たれた。だが、そもそもこのクラブは「いついつまでJリーグ入り」という発想から最も遠いところにある。それは、将来的なスタジアム建設についての、安田のこの発言からも明らかだ。

「スタジアムについては、最初から『ランボルギーニ』を目指します。つまり、日本ではあり得ないような、機能的なスタジアムをドンと作る。ただし、サステイナブル（持続可能）なスタジアムを作るためには、Jリーグが推奨する天然芝がネックになるんです。JFLでも、天然芝でないと試合ができないですよね。ですから、そこまで辿り着いたら『人工芝でもいいじゃん』って説得したいと思っています。いずれにせよ、日本のスタジアム改革の雛形になるものを、僕らが作らなければならない。それくらいの使命感を持っていますよ」

いわきFCは、さまざまな意味において、日本サッカー界のプロテスタントである。そして彼らの存在は、これまでわれわれが無条件に受け入れてきた「常識」に対して、激烈な「否」を叫ぶ。まさに日本サッカー界における、革命的な存在と言えよう。

天皇杯でのサプライズはあったものの、いわきFCが所属するのは福島県1部。J3に到達するには、最短でも4年かかる。このまま昇格を繰り返し、Jリーグに最接近した時にも、いわきFCは革命的な姿勢を貫いているのだろうか。

個人的には、そこが最も気になるところではある。

# 第4章
# 女川町にJFLクラブがある理由

コバルトーレ女川

——2018年・睦月

ＪＲ石巻線の終着駅、女川に降り立った時、思わず息を呑んだ。７年前に訪れた時に目にした瓦礫の山から一転、目の前に別世界のような空間が広がっていたからだ。

駅前の道路を挟んだ向こう側には、モダンなデザインの店舗が並ぶ商業施設、シーパルピア女川。そしてレンガ道の行き着く先には、紺碧の女川湾が広がる。このレンガ道の延長線上から、元日の初日の出が登るように設計されているのだそうだ。

今から７年前の３月11日、宮城県女川町は、東日本大震災による高さ18メートルの大津波で、甚大な被害を受けた。その深刻さを示すデータがある。当時の人口約１万人のうち、死者・行方不明者は８２７人。住家総数４４１１棟のうち、全壊が２９２４棟。人口の８％と住家の66％が、一瞬にして失われたのである。

千年に一度の大災害で、瓦礫の街となってしまった女川。しかしそれゆえに、まったく新しい復興計画が実行された。あえて港に堤防を作らず、震災以前と同様に「海と生きること」を選択。その代わり、津波が来たらすぐに高台に逃げられる街づくりを目指したのである。

そして、地元の商業施設はシーパルピア女川に集約され、コンパクトな街づくりにとことんこだわった。結果、地元の海の幸を提供する飲食店は、どこもまったくハズレなし。思えば平成末期の地方都市は、シャッター商店街と大型ショッピングモールがデフォルトとなっていた。そんな中、復興過程にある女川は、時代の趨勢に抗うような輝きを静かに放っている。

東京から仙台まで新幹線で1時間半。そこから石巻まで仙石東北ライン快速で1時間。さらに女川まで石巻線で30分。仙台が大都会に思えるほど、遠くて小さなこの港町が、今季よりJFLに参戦する、コバルトーレ女川のホームタウンである。

果たして、人口およそ6700人のミニマムな自治体に、なぜフットボールクラブが生まれ、そして全国リーグ参戦を果たすに至ったのか。それを知るには、震災後の女川の街づくりを抜きに語ることはできない。

シーパルピア女川の一角に『コバルトーレ女川サポーターズパーク』という、オフィシャルショップ兼クラブ事務所がある。昨年の地域CL（全国地域サッカーチャンピオンズリーグ）で、見事にチームを優勝に導いた監督の阿部裕二は「今季から監督が代わって、僕はGMになります」と名刺を差し出した。

阿部は石巻市の出身。地元の石巻工業高校を卒業後、ヤマハ発動機、ソニー仙台FCでプレーした。06年より、コバルトーレでアカデミーの監督となり、11年からトップチームの監督に就任。しかし、就任1年目は震災により、クラブは活動休止を余儀なくされる。

翌12年より、東北リーグ2部南から実質的な指揮を執り、13年には東北1部に昇格。その後は16年と17年に東北リーグを制し、2度目のチャレンジで地域CLを突破した。

「東北でやっていると、どうしても選手は『これくらいでいいや』という感じになるんですね。前でも去年の地域CLは『君たち、こんなにできるんだ！』という驚きのほうが大きかった。前の年の地域CLは、ゲームを支配しながら三菱水島FCにカウンター一発でやられて、1次ラウンド敗退。その時の悔しさや、何かを変えたいという気持ちが、選手たちにはあったんじゃないですかね」

昨年の地域CL1次ラウンドでは、テゲバジャーロ宮崎に1対2で敗れたものの、ワイルドカードで決勝ラウンドへのチケットを手にした。会場の千葉県市原市に集まったのは、地元のVONDS市原FC、アミティエSC京都、そして宮崎と女川の4チーム。その中でも女川は、完全にアウトサイダーの扱いだった。平均身長でも平均体重でも他の3チームより下回り、メンバーに元Jリーガーは皆無。まさに、小柄で無印の雑草軍団であった。

ところが蓋を開けてみると、その雑草軍団が旋風を巻き起こす。宮崎と市原にはPK戦勝利。そして京都戦では、50分にひとり退場になりながら81分の決勝ゴールで90分勝利を飾り、JFL昇格のみならず地域CL優勝も果たしてしまったのだ。

「PK戦は度胸があるヤツ、外しても文句を言われないヤツの中から選んでいました。PKの

上：東日本大震災直後の女川。あの日、18メートルの大津波が襲った
下：震災から7年後の女川。地元の人々は「海と生きること」を選んだ

練習？　ほとんどしていませんね。京都戦は風が強い日で、前半は風下でした。とにかく45分は耐え抜いて、後半は少ないチャンスに賭けようと、そう選手たちで決めていたそうです。あとでそれを聞いて、『監督、いらねえじゃん！』って思いましたね（笑）」

最後の京都戦は守備的だったものの、小気味良いパスサッカーが主体の女川のスタイルは、決勝ラウンドを通じて不変であった。その理由について、阿部は以前「僕がバルサ好きだから（笑）」と答えていた。しかし今回の取材で、練習環境も影響していることが判明する。

「練習は女川の施設（女川町運動公園）を使っていたんですが、震災後は使えなくなったんですね。それで石巻の人工芝グラウンドで練習していたんですが、フルコートの4分の1くらいしかない。その中で11人対11人をやっていたんです。そうなると、狭いスペースでいかに正確なパスをつないでいくかが重要になる。今にして思えば、それがウチのパスサッカーの原点でしたね」

コバルトーレ女川が設立されたのは、ワールドカップ・ドイツ大会が開催された２００６年に設立。スタートは石巻市リーグで、初代監督は元日本代表の藤島信雄であった。その後、07年に宮城県リーグ、08年に東北リーグ2部南に昇格。10年に1部に到達するも、1シーズンで2部に降格する。1部返り咲きを目指した11年、女川は未曾有の震災に飲み込まれた。前述のとおり、クラブはこの年の活動休止を発表。決断したのは、創設者で代表の近江弘一である。

「あの時は本当に『サッカーどころじゃない』っていうのが実際でしたね。選手たちも支援活動に没頭せざるを得なかったし、サッカーがやれる場所もなかったし。選手寮も全壊して、ユニフォームもボールも流されてしまったわけですよ。だから、1年間は活動しない。外に出てサッカーを続けるか、ここで1年間待つか、自分たちで決断してくれと選手には言いましたね」

セレクション前だったため、この時点でのコバルトーレのメンバーは13名を数えるのみ。このうち10名が女川に残ることを決断した。プレーの場を求めて外に出た3名も、活動を再開した12年には戻っている。

ところで近江は、サッカーとは別の業界でも「有名人」であった。差し出された何枚かの名刺のひとつに「石巻日日新聞　代表取締役社長」とある。

石巻日日新聞といえば震災直後、輪転機が水没して電力も止まった中、マジックペンで書いた「号外」を6日間出し続けたことで知られる。被災した人々に生きるための情報を発信し続けた、この「壁新聞」のニュースは世界中に打電され、日本でもドラマ化されている（近江役を中村雅俊が演じた）。

もともと近江は、サーフィンやスキューバダイビングのウエットスーツの会社を立ち上げ、アメリカでもビジネスを展開していたという。そんな彼が、女川のために後半生を捧げる決意をしたのには、ふたつの理由があった。まず、47歳の時に父の死に接したこと。そして、地元・女川の衰退である。後者について、近江はこう語る。

「2005年の時点で、あるシンクタンクが30年後の女川について試算しているんです。人口は半減して、半分が高齢者になる。その当時の人口が1万人ちょっとで、今が6700人ですから、震災がさらに（人口減少を）加速させたんですよね。僕は以前から、既存の施策では絶対に地域活性は無理だと思っていました。ただ女川の場合、原発による収入もあって、スポーツ施設が充実している。ならば、その資産を活かそうと考えたのが、『スポーツコミュニティ構想』というプログラムでした」

06年の市リーグから始まって、12年後には全国リーグ。途中、震災による活動休止があったことを思えば、このスピード感は尋常ではない。クラブの快進撃について、近江は「ラッキーな必然」と表現する。

「12年は東北リーグ2部南で2位に終わり、北2位のヴァンラーレ八戸との昇格決定戦に敗れているんですね。ところがこの年、福島ユナイテッドFCがJFLに昇格したので、ウチも1部に昇格することができました。そういうラッキーな必然が、このクラブには時々起こるんです。JFLでの活動は、確かに大変ですよ。でも、そういう流れなら乗るしかない。くしくも、今季のJFL開幕は3月11日。われわれの『命日』ですよ。そういったことも含めて、僕は必然のようなものを感じるんです」

「あの日は、ミャンマーに出張中だったんです。NHKの国際放送で、まさに津波で流される女川の様子をライブで見ていました。会社や自宅に電話しても、まったくつながらない。800人いた社員のうち、女子社員ひとりが亡くなっていたことをあとで知りました。ただ社長不在でも、社員たちの自主的な判断で、工場に残っていた練り物を避難していた方々に配っていたそうです。日頃から『会社は地域に生かされている』という私の教えが、ちゃんと実践されていたのはうれしかったですね」

女川の水産加工メーカー、高政。3代目社長の高橋正典は、震災当日のことを今も生々しく記憶している。高政は、コバルトーレ女川が立ち上がった時からのスポンサーであり、ユニフォームの胸にも、縦に並んだ「高政」のロゴを確認できる。ちなみに4代目となる息子の正樹は、女川のコールリーダーを務めている。

昨年、創業80周年を迎えた高政は、単なる地元の優良企業ではない。震災直後は自家発電機を調達して、熱々のさつま揚げを手作業で12万枚作り、被災者に配った。また新卒も含めて、社員全員の雇用を守り通したことでも知られている。

「工場が止まって、仕事ができない状況でも、社員全員に給料を払い続けました。毎月、数千万の人件費が垂れ流しですよ。正直、苦しかった。それでも、ウチは社員が安心して人生設計ができる会社でありたい。だから『やれるところまで頑張ろう』と肚を括りました。そしたら、新しい工場が9月に完成した途端にフル稼働ですよ。それは、全国からの支援を受けた地元の皆さんが、お礼用にウチの商品を買っていただいたからなんですね。社員を整理しなくて本当によかった。もちろん、計算してできることではないですけどね」

こうした高政の経営方針が、12年にわたってコバルトーレ女川を支え続けてきた。そして、近江が打ち出した「スポーツコミュニティ構想」に、真っ先に共鳴したのも高橋であった。かねてより女川の人口流出と高齢化を懸念していた彼は、スポンサー料だけではなく、選手の雇用面でもクラブを支え続けたのである。

「今は全員ではないけれど、ウチで働きながらプレーしている選手は（クラブ設立）当初からいました。アルバイトではなく、1年目から社員として働いてもらっています。工場での肉体労働だから、正直きついですよ。それでも『ここでサッカーを続けるためにも、甘えちゃいけない』という自覚が感じられますね。会社にとっても重要な戦力です」

実は高政は、選手のセカンドキャリア、さらには女川の人口増加にも一役買っている。

「いつか自分の限界を知って、現役をあがる時は必ず来ます。すると、ほとんどの選手が『引退しても、ここで働けますか？』と聞いてくる。もちろんウエルカムですよ。今では管理職の中にも、コバルトーレの元選手がいます。まったく関係ない土地からやって来て、こっちの女性と結婚して家庭を作り、女川に定住するケースも珍しくないですね」

コバルトーレ女川の地域CL優勝が決まった時、「女川の町長がスタンドで号泣していた」ことがSNSで話題になった。ホーム開幕戦で、適当な挨拶でお茶を濁す首長が少なくない中、

「女川の町長はガチ」という評判は一気に拡散した。

そのガチな町長、須田善明がプレハブの町役場で取材に応じてくれた。現在45歳。父親も女川町長で、27歳で宮城県議会議員、39歳で女川の町長に転じた。経歴だけを見れば「エリート政治家」だが、開放的なキャラクターゆえに、まったく嫌味が感じられない。

「私の立ち位置は、おそらく『いち地域民の代表』ではないかと思います。地元のクラブを支える女川町民の代表。首長をやらせていただいていますので、その表現が適切かと思います」

震災の年の11月から現職。以来、若きリーダーのひとりとして復興の先陣を切ってきた。こういう場合、「老害」と揶揄されるような年長者が足を引っ張るのが世の常だが、女川では30代から40歳の若い世代に、再建が託されることとなった。

「要するに『若いやつらでやれ』と。号令をかけてくれたのは、高政の社長さんです。もちろん何もしないわけではなく、金策の知恵を出してくれたり、時に弾除けになってくれたり、僕らにできないことで助けてもらっています。震災以降の20年、この町の中核として生きていかなければならないのは、われわれの世代なんですよ。ですから上の世代に委ねるのではなく、われわれが一歩踏み出すのは当然でした」

女川町の強みは、独立した自治体であることだ。復興がスピーディーなのも、県や国と直接交渉できることが大きい（平成の大合併で石巻市に組み込まれた、近隣の牡鹿町や雄勝町と比べると明らかだ）。加えて、人口が少ないので民意をまとめやすく、結束力も強い。とはいえ「決

東北電力

して復興を急いでいるわけではないんですよ」と須田は釘を刺す。

「もちろん、インフラの復旧や住む場所の確保は急ぐ必要があります。公営住宅も、コバルトーレのホームグラウンドを潰して、真っ先に作りました。でも街づくりについては、きちんと将来につながる、持続性のあるものにしていかなければならない。千年に一度の大災害で、すべてが流されたんです。だからこそ、千年に一度の街づくりをしていく必要がある。町民の皆さんも、その点はご理解をいただけているので、あまり文句は言われませんね」

ここで気になるのが、コバルトーレの新スタジアム。須田が語るように、公営住宅を建設したことにより、女川には天然芝の競技場がない。そのため、今季のＪＦＬは石巻市内の施設でホームゲームを開催するのだが、すでに新スタジアムの建設計画が水面下で進んでいるとも聞く。もっとも、この件に関しての須田のコメントは、やや慎重なものとなった。

「女川に新スタジアムを作る場合、考えなければならないのが、われわれの身の丈。たとえば屋根を４面付けるとしたら、10億円はかかるそうです。女川町の一般財政規模は60億円ですからね。Ｊ３基準で作ったとして、Ｊ２に昇格したからスタンドを増設なんて話になったら、整備費も含めて１桁上がりますよ。そもそも人口６７００人のホームタウンに、本当に１万人以上のスタジアムが必要なのか。そういうことも考える必要があります」

コバルトーレ女川の２０１８年は、連休明けの１月９日18時30分、女川町総合運動公園第２

多目的グラウンドでのトレーニングからスタートした。気温は0度に近く、小雨が降るあいにくのコンディションの中、20人の選手が集合。取材用のTVカメラも2台入っていた。

トレーニング前、新GMの阿部が選手を集めてミーティングを始める。新監督にS級ライセンスを持つ村田達哉が就任すること、そして連絡事項を伝えてから、スーツ姿の若者が「一身上の都合で退団することになりました」と挨拶する。チームメイトは温かい拍手を贈った。

代表の近江によれば、JFLになった今季もプロ契約選手は入れず、練習は夜のまま。選手の入れ替えも最小限にとどめるそうだ。それでもカテゴリーが上がれば、ギャップを感じる選手は去っていき、自ずとチームは新陳代謝してゆく。

その一方で、それまで縁もゆかりもなかった女川という土地にやって来て、サッカーを続けるうちに、この地で暮らすことを選ぶ者も少なくない。チーム最年長の31歳、キャプテンの成田星矢もそのひとりだ。

青森出身の成田は、08年に入団。高政で働きながらプレーを続け、震災の年に地元の女性と結婚した。女川で暮らすことは、自然の成り行きだったと語る。

「高政では出荷業務の担当です。震災の時、(高政に勤務する選手は)かまぼこを作る人と避難所に運ぶ人に分かれて、僕はずっと作る人でした。よく『震災を機に、クラブと町の人との絆が深まった』と言われますけど、僕はそうは思わない。僕が来る前から、地域密着の土台はありましたから。何でも震災と一緒に語られるのは、僕は少し抵抗がありますね」

やがて小雨が雪に変わる中、それでも選手たちは息を白くしながらボールを追いかける。まだ始動したばかりということもあり、彼らの表情からは良くも悪くも、全国リーグに挑む緊張感や気負いは感じられない。

正直なところ、今季のコバルトーレ女川に、成績面で期待できる要素は少ない。むしろ個人的に楽しみにしているのは、女川に将来、新スタジアムができた時のことだ。その時、この地を訪れたアウェーのサポーターは試合のみならず、シーパルピア女川での食事に感動し、駅に併設された『女川温泉ゆぽっぽ』で癒され、「来年もまた来よう」と心に誓うことだろう。

コバルトーレ女川の魅力は、全国でも類を見ない街づくりと切り離して語ることはできない。機会があればぜひ、訪れてみてほしい。決して、損はさせないから。

［付記］コバルトーレ女川は2018年のJFLを16位（最下位）で終え、翌19年から再び東北社会人リーグ1部で活動している。

# 第5章 ワールドカップとJFLをつなぐもの

FC今治

——2018年・文月〜霜月

ロシアでのワールドカップ取材から帰国して、最初に向かった国内の現場はＪＦＬだった。セカンドステージ第3節、ＦＣ今治対奈良クラブ。Ｊ3ライセンスを持つクラブ同士の対戦で、前節終了時のセカンドステージの順位は今治が5位、奈良が10位となっていた。

モスクワのルジニキ・スタジアムで、フランスとクロアチアによるファイナルを取材して、その1週間後に国内の4部リーグの現場へ。親しい友人からは「本当に幅広いですね」と感心される一方で、「あまりのギャップぶりに嫌になりませんか？」と聞かれることもある。もちろんギャップはある。けれども、それが嫌に感じたことは一度もない。

ワールドカップであれ、ＪＦＬであれ（さらにその下のカテゴリーであれ）、同じフットボールであることに変わりはない。もちろん、競技レベルに大きな差があるのは事実だが、ゴールの瞬間や勝敗の明暗から得られる感動に、カテゴリーの差はないと思っている。

加えてもうひとつ、断言できることがある。それは、フットボールの世界は国やカテゴリーを超えて、どこかで必ず「つながっている」ということだ。２０１０年の南アフリカ大会でスペインが披露した、圧倒的なポゼッションサッカー。そして、4年後のブラジル大会で主流となった、縦に速いサッカー。そうした4年ごとのトレンドは、日本の下部リーグでも影響を見て取ることができる。

そもそも元日本代表監督の岡田武史が、FC今治の代表となることを決断したのも、前回のワールドカップが大きな影響を及ぼしている。

アルベルト・ザッケローニ率いる当時の日本代表が、ブラジルでグループステージ最下位という結果に終わった時、「もはやポゼッションサッカーの時代は終わった」という論調が日本でも支配的となっていた。そんな中、「本当にそうなのだろうか?」という問題提起が『岡田メソッド』につながり、その延長線上に今治における壮大な実験がある。

もし、あの大会で日本代表が成果を出していたら、岡田が「地方クラブのオーナーになって日本サッカー界に変革を起こそう」とは思わなかっただろう。そして私をはじめ、東京のメディアの人間が、今治詣でを続けることもなかったはずだ。

あれから4年が経過した。その間、今治は16年の地域CL(全国地域サッカーチャンピオンズリーグ)で四国リーグから全国リーグにステップアップ。翌17年の8月には、5000人収容のJ3基準を満たす、ありがとうサービス．夢スタジアム(夢スタ)もオープンした。

しかしJFL1年目の今治は、総合順位で16チーム中6位。前年まで四国リーグを戦っていたクラブが、1年で卒業できるほど楽なリーグではなかった。そして満を持して挑んだ2シーズン目、開幕2連勝と幸先の良いスタートは切ったものの、以後は測ったように勝ち、引き分け、負けを繰り返す苦しい展開が続いた。

そして6月24日、ラインメール青森とのホームゲームに2対3で敗れ、ついに今治は5敗目。それまでチームを率いていた吉武博文監督は、3日後の27日に退任となり、後任にはコーチの工藤直人が内部昇格することとなった。

余談ながら、吉武監督にとって最後の試合となった24日は、ワールドカップのグループステージ第2戦、日本対セネガルの試合日でもあった。そしてくしくも岡田は、NHKでこの試合の解説を担当している。エカテリンブルクのメディアセンターでは、笑顔で手を振ってくれたのだが、内心ではいろいろと葛藤を抱えていたのだろう。

この間、FC今治のサポーターは何を感じていたのだろうか。奈良クラブ戦の前に、何人かのサポーターにグループインタビューを試みることにした。まずは前節にホームで行われた、ヴィアティン三重戦(2対2)について。

「前半は今治らしい、いいところが出ていました。でも、後半に2点リードしてから足が止まって、その後はずっと押し込まれる展開。最後の最後で同点に追いつかれました。今年もホームの勝率が悪いんですよ。何とか工藤監督に、ホーム初勝利を挙げてほしいんですが」

何人かのサポーターに話を聞くと、吉武監督の解任は「大いにあり得る」と思う人もいれば、「少なくともファーストステージまでは指揮を執るだろう」と考える人もいたようだ。だが、工藤コーチの内部昇格は、誰も予想していなかったという。この指揮官交代は、チームに何をもたらしたのか。戦術面について、別のサポーターがこう証言する。

「吉武さんのサッカーは、ポゼッションで相手を圧倒することが第一でしたが、工藤さんが監督になってからは、相手に応じたサッカーをするようになりましたね。あと、クロスからダイレクトで狙うような、効率的にゴールを狙う意図が練習からも感じられます。ただしクロスの精度は悪いし、守備の時も中盤でブロックが作れていない。吉武さんのサッカーに合う選手しか集めていなかったから、仕方がないんですけど」

一方で気になるのが、勝てない試合が続く中での、地元のライトファンの反応である。集客面でも苦戦が続いていることについて、さらに別のサポーターから、厳しい意見が発せられた。

「最近はずっとホームは2000人台ですね。クラブは『毎試合4000人』という目標を掲げていますけれど、とてもそこまで達してない。お客さんは固定化された印象はあります。いつも言っていることですけれど、クラブ側はもっとサポーターに頼っていいと思うんですよ。でも、なかなかできていない。それが残念です」

奈良クラブとの試合は、序盤から動いた。4分、セットプレーから右サイドバックの山田貴文がドリブルで持ち上がり、そのままペナルティーエリアまで侵入して低いクロスを供給。いったんは相手DFにカットされるも、セカンドボールをアンカーの金子雄祐が左足で直接振り抜き、ボールはそのままゴールに吸い込まれていく。FC今治、先制！

工藤監督によれば、この日の今治は「ボールが自陣にある時は相手を見ながらプレーし、相手陣内にある時はアグレッシブにいく」というスタンスで試合に臨んだ。確かに序盤のゴールシーンは、山田が何人も相手を抜き去る強引なドリブルが起点になっており、吉武監督時代にはあまり見られなかったシーンである。その後も今治は、両ワイドからの崩しやミドルレンジからのシュートでチャンスを作るも、追加点を奪うには至らず。結局、12本のシュートを放ったものの（奈良は2本）、前半は今治の1点リードで終了する。

後半は暑さに慣れている奈良が、持ち前の運動量を駆使して多くの時間帯で主導権を握った。そんな中、チームを救ったのが70分の飲水タイム。その時に「相手の裏にボールを蹴りながら、逃げ切りを図る」という意思統一がなされた。結果、カウンターを狙いながらの守備固めという、これまた吉武監督時代には見られなかった戦術を徹底。6分ものアディショナルタイムもしのぎ切り、FC今治は工藤体制となって初となるホームでの勝利を挙げた。

「ウチは勝ち点3を落として、今治は勝ち点3を得た。どちらにとっても大きいよね」

試合後の会見。奈良クラブの監督、薩川了洋のこのコメントが、すべてを言い表しているように感じられた。勝ち点3を手にした今治は、セカンドステージ3位に浮上。奈良は12位に沈んだ。年間順位でも今治は、4位に3ポイント差の5位となり、J3昇格に向けて再び期待が膨らむ状況にまで持ち直した。その意味でも、極めて大きな勝利だったと言えよう。

それにしても、同じJリーグ百年構想クラブのライバルは、監督が代わった今治の変化をどう捉えていたのだろうか。私が質問すると薩川は「そんなに変わってないよね（笑）」とはぐらかしながらも「吉武さんがずっとやってきたことが、数週間で変わるものではないでしょう。そこに新しい監督（の要素）がプラスアルファされると思いますよ」と答えてくれた。

前任者が残した良い部分を残しながら、良くなかった部分を改善することで、結果を残す。ワールドカップ直前、監督がヴァイッド・ハリルホジッチから西野朗に代わった、今大会の日本代表を想起させる話である。

もちろん、現時点で今治は何も手にしてはいないし、J3昇格に向けて超えなければならないハードルはいくらでもある。それでもこの奈良クラブとの一戦が、監督解任による混沌から脱却する、重要な契機となるかもしれない。


FC今治を運営する、株式会社今治．夢スポーツ。かつて家業でタオルの染色をしていたという、古民家をリフォームした事務所の引き戸を開けると、額縁に入ったユニフォームが客人を迎えてくれる。黄色地にブルーのラインが入ったユニフォームには、漢字の縦文字で「今越」というネームが入っている。「いまこし」ではなく「いまお」。この今越フットボールクラブこそが、FC今治の前身であることを知る人は、果たしてどれだけいるだろうか。

元日本代表監督がオーナーとなったことで、四国リーグ所属の小さなアマチュアクラブは、

XFLAG
ARIGATO
SERVICE
ありがとうサービ
夢スタジアム

XFLAG
Deloitte

突如として全国レベルでの知名度を得ることとなった。そんな中、時おり「岡田武史はいちからクラブを作った」という言説に接することがある。これは明らかな誤り。ＦＣ今治は、決して「ぽっと出のクラブ」ではないのである。

松山市に次ぐ愛媛県で第2の人口（約16万５０００人）を有し、東予地方の中心でもある今治市が現在の規模になったのは、越智郡の11町村が合併した２００５年のこと。そのひとつ、旧大西町に１９７６年に設立した大西サッカークラブこそが、ＦＣ今治の源流である。

やがて年号が平成に変わって3年後の91年、活動範囲に越智郡を加えることを目的に、今越ＦＣに改名。２００４年には愛媛しまなみフットボールクラブ、さらに09年に愛媛ＦＣしまなみと名称変更して、愛媛ＦＣのセカンドチームとなる。

実は私は11年の全社（全国社会人サッカー選手権大会）で、この愛媛ＦＣしまなみを見ている。トップチームと同じ、オレンジのユニフォームを身にまとったしまなみは、準決勝でＳＣ相模原に、３位決定戦でｓｈｉｚｕｏｋａ．藤枝ＭＹＦＣに敗れるも地域決勝の出場権を獲得。この時、強く印象に残ったのが、しまなみのサポーター（３人ほどいた）が一様に号泣していたことだ。ほどなくして、しまなみは地域決勝の出場権を返上。愛媛ＦＣのセカンドチームとしての役割を終え、12年から現在のＦＣ今治として独自の活動を開始することとなる。

それから2年後の14年11月、岡田武史がクラブ代表に就任。ここから、現在のＦＣ今治の歴史がスタートする。将来のＪリーグ入りを目指す、さらに言えば世界を目指すクラブの歴史が始まったのは、岡田がジョインして以降の話である。しかしながら、このクラブが名称変更を繰り返しながら、実に42年もの歴史を刻んできた事実については、それなりの敬意を払うべきであろう。

これまで私は、地域リーグからJFLを経て、Jリーグへの階段を駆け上がっていくクラブをいくつも見届けている。地域からJを目指す理由はさまざまだが、そこには必ずと言ってよいくらい、キーパーソンと呼ぶべき存在を確認することができた。そして多くのケースにおいて、そのキーパーソンは、地域のフットボールの重要なインフルエンサーであった。

たとえば、V・ファーレン長崎。高校サッカー界の名伯楽として知られる小嶺忠敏が、国見高校の校長を定年退職することを見越して、地元の教え子たちの間で「Jリーグを目指す」機運が醸成されていく。たとえば、FC岐阜。高校進学を期に県外に出て、日本代表にまで上り詰めた森山泰行が故郷に帰還。当時、東海リーグ2部だったFC岐阜に無給で加わったところから「岐阜からJクラブを！」という動きが加速していく。

こうした事例がある一方で、まったくの余所者がトリガーを引くケースも少なくない。FC今治はまさに、その代表例だ。

岡田は大阪の生まれで、現在は神奈川在住。四国とは縁もゆかりもない人間であった。そんな彼が、今治と接点を持つきっかけとなったのが、スタジアムのネーミングライツパートナーであり、ＦＣ今治を運営していた株式会社ありがとうサービス。同社の代表取締役経営最終責任者、井本雅之が早稲田大学時代に岡田の先輩だったことから、今治との縁が生まれた。やがて何度か現地を訪れるうちに、高齢化と人口減少という根深い地域課題に、岡田は直面する。かねてより抱いていた、スポーツによる地方創生への関心。ワールドカップ・ブラジル大会での、日本代表の蹉跌。そして大学の先輩が運営していた、地域リーグのクラブ。これらの偶然に加えて、常に安定を良しとしない岡田の生き方が掛け合わされて、ＦＣ今治の壮大な実験が始まる。

そこから先は、まさに疾風怒濤。世界最大級のグローバル経営コンサルティング企業、デロイトトーマツ コンサルティング合同会社が胸スポンサーに入る。ＥＸＩＬＥで知られるＬＤＨのアーティストたちが、四国リーグの試合にゲストで招かれる。そして、世界を舞台に活躍するような人材が、続々と今治にやって来ては岡田の下で働くようになる（もちろん、前職よりも低い給料で）。

これらは、いずれも岡田が今治に深くコミットすることにより、わずか数年の間に人口17万人弱の地方都市で起こった出来事である。

11月18日、ＪＦＬは残り１節を残すのみとなった。すでにＨｏｎｄａ ＦＣの優勝と、ヴァンラーレ八戸のＪ３昇格は決まっている。そんな中で一番の注目カードは、夢スタで行われる、

FC今治とホンダロックSCの一戦であった。

前回、取材したのは10月14日のコバルトーレ女川戦。この試合に4対2で勝利し、年間順位を6位に上げた今治は、かろうじて昇格の可能性に望みをつないだ。

その後、ラインメール青森戦（アウェー）に4対1、流通経済大学ドラゴンズ龍ケ崎戦（アウェー）に7対0、東京武蔵野シティFC戦（ホーム）に3対0。連勝を6に伸ばして、昇格の条件である年間順位4位に浮上する。しかし前節、MIOびわこ滋賀（アウェー）に1対2で敗れて、楽観ムードは瞬く間に暗転した。

この結果、ソニー仙台FCに抜かれて、今治は5位に転落する。4位と5位との勝ち点差は1。今治が逆転するためには、目前のホンダロック（14位）に勝利した上で、裏の試合でソニー仙台がFCマルヤス岡崎（13位）に負けるか引き分けることが条件となる。

ちなみに、マルヤスがJFLに昇格した14年以降、ソニー仙台とは9戦して3勝2分け4敗。過去4シーズンのデータを見る限り、ソニー仙台の優位は揺るぎそうにない。

前節、滋賀に勝っていれば。いや、せめて引き分けていれば――。今治の関係者の誰もがそう思ったことだろう。もちろん他力ながら、数字上は昇格の可能性が残っている。しかし対戦相手のホンダロックは、今季はリーグ下位に沈んでいるとはいえ、昨シーズンは8位（今治は6位）。過去3回の対戦では、今治の1勝2分けと意外と侮り難い相手である。

キックオフ90分前の11時30分、夢スタに到着。「奇跡」を信じて、この日は4805人の観客と数多くのメディアが駆けつけた。一方、アウェーのホンダロックのサポーターも、人数こそ限られていたものの、真っ赤な大旗を持ち込んで気合十分。そしてこの日は、ホンダロックの「乱入」イベントも行われることになっていた。

「乱入」とは何か？　それはホンダロックの名物サポーター、ロック総統がホーム側のサポーター席に登場し、「お前ら、本当にJリーグでやっていけるのか？」と説教めいた演説をする、JFLならではの風物詩である。

キックオフ50分前、機動戦士ガンダムのシャア・アズナブルのコスプレをしたロック総統が、打ち合わせ通りに「乱入」。お手製の「J3のカギ」を見せびらかしながら「お前らが喉から手が出るほど欲しがっていたものを持ってきてやったぞ！　まあ、自力昇格の可能性はなくなったわけだが！」とアジると、今治サポーターからブーイングが起こる。「東京の大きなスポンサーに依存していると、Jリーグに行ってから苦労するぞ！」という鋭い指摘に、さらに大きなブーイング。まさに、昭和のプロレスのノリである。最後はややグダグダになりながらも、夢スタ初の「乱入」は無事に終了した。

実はロック総統の「乱入」は、JFLからJリーグに駆け上がっていくクラブに対する、彼なりのエールでもある。総統自身、これまでJFLから上を目指すクラブの旅立ちを、何度も見送ってきた。果たして、この試合をもって今治は「J3のカギ」を手にすることができるのだろうか。やがて、緊張した面持ちで今治の選手たちが入場。そして13時、各会場同時にキックオフのホイッスルが鳴り響いた。

試合は、序盤から思わぬ展開となる。開始早々の3分、ホンダロックは前線からの積極的なプレッシングで優位に立つと、當瀬泰祐がドリブルで突破。ラストパスを受けた大山直哉が、右足でゴール右隅を突き刺す。ホンダロック、先制！

もちろん、時間はまだ十分にあった。しかし勝利が大前提だった今治にとって、この1点が最後まで重くのしかかることになる。その後も相手に攻め込まれる展開が続き、今治は必死でクリアするのが精いっぱい。これではどちらがホームで、どちらが上位なのかわからない。

「ホンダロックは勢いがあるチームで、前から来ることは想定していました。それでも立ち上がりの失点で、選手の中で焦りが出てしまいましたね。序盤の失点がなければ、もう少し違った展開になっていたと思いますが」

前半の苦戦についての、工藤直人監督のコメントである。確かに、逆転昇格のプレッシャーに加えて、早々の失点で焦りが募っていったのは明らかだ。加えて指摘するならば、「企業チームに勝って当たり前」という根拠なき過信が、今治にはあったのではないか。

前述のとおり、ホンダロックは今治に比べて順位は下であり、戦力もかなり落ちる。しかし彼らは最終節になると、強豪相手に善戦することが多い。毎年のように「社業に専念するため今季限りで引退」という選手がいて、最終節は特に気合いが入るからだ。そして今年はGKの

DREAM+
HAPPINESS

FC IMABA

鶴崎智貴が、この試合を最後に引退することになっていた。

後半に入ると、ようやく相手の激しいプレッシングから解放されて、今治のパスがテンポよく回るようになる。そして56分には、待ちに待った同点ゴール。右サイドでのワンツーから有間潤が中央に折り返すと、三田尚希がワントラップから左足を振り抜き、ボールは見事にゴールに吸い込まれていった。これで1対1。まだ十分に逆転のチャンスがある。しかし裏の試合では、ソニー仙台がマルヤスに3対0でリードしていた。

その後も今治は、何度もチャンスを作るも、ホンダロックの赤い牙城を崩せず。とりわけ、GK鶴崎の見事なセービングが光っていた。いいGKだなと思い、前所属を確認すると「セレッソ大阪U－18」。なるほどと納得するも、年齢は25歳。社業に専念するには早すぎるので、何か事情がありそうだ。

そんなことを考えているうちに、時計の針は刻一刻と進み、とうとう引き分けのままタイムアップ。今治の選手たちがうなだれる中、仲間に抱えられながら号泣するホンダロックの守護神の姿が、むしろ強く印象に残った。

「残念ながら（J3昇格という）皆さんとのお約束を果たすことはできませんでした。それでも工藤をはじめ、若いスタッフが最高の仕事をしてくれたと思っています。結果の全責任は私にあります」

試合後、今季最後のホームゲームを締めくくるセレモニーでの、岡田のスピーチである。そしてメインスタンドに向けて深々と一礼すると、ピッチ上にいた選手とスタッフ全員と握手して、ひとりクラブハウスへと足早に引き上げてしまった。のちに当人は、こう語っている。

「試合後の挨拶は、監督か社長という話だったんだけれど、そこは慣れている僕が謝罪することにしたんです。そうしたらボロカスに言われることなく、むしろスタンドから拍手が起こった。ただズルズルと負けたのではなく、6連勝して最後まで（昇格の）可能性を残したことが、やっぱり大きかったと思いますね」

裏の試合は、そのままソニー仙台が3対0で勝利。FC今治は年間5位で今季のJFLを終え、来季も同じカテゴリーで活動することとなった。昨シーズンの6位から順位をひとつ上げ、最終節まで昇格の可能性を残したことは十分に評価できよう。とはいえ、今治に関わるすべての当事者にとって、何ら慰めにならない結果であったのも事実である。

岡田は今季、経営に専念するため、現場にタッチすることを極力控えていた。その判断は理解できるが、もう少し現場に関与していれば、とも思う。おそらくは監督交代の決断も早まっただろうし、若い工藤監督に何かしらのアイデアを授けることもできたかもしれない。

試合後、岡田のメディア対応の機会があったので、あえてその考えを当人にぶつけてみる。するとこんな意外な答えが返ってきた。

「1997年のワールドカップ予選で、当時日本代表監督だった加茂（周）さんが解任されて、私が引き継いだのは41歳の時でした。あの時は、代表監督経験のある長沼さん（健＝当時ＪＦＡ会長）、あるいは大仁さん（邦彌＝当時ＪＦＡ強化委員長）といった大先輩方がいらしたんですが、何も言わずに私に任せてくれました。すごく腹が据わっているなと。ですから、私も今回、中途半端に（現場に）口出しすべきでないと考えました」

いかにもこの人らしい決断だったと言えよう。そして、こうも思うのだ。

悲願のワールドカップ初出場を決め、日本中を感動の渦に巻き込んだ97年の『ジョホールバルの歓喜』。それから13年後の２０１０年には、南アフリカでのワールドカップ16強があり、さらにその8年後にはＪ３昇格にチャレンジする今がある——と。

一見すると、まったく関係ないように思える、ワールドカップとＪＦＬ。しかし実のところ、フットボールの世界は、すべてが連続している。

その事実を、20年以上にわたる岡田武史の挑戦の歴史から、見る思いがする。

［付記］ＦＣ今治は２０１９年のＪＦＬを3位で終え、Ｊ３昇格を果たした。

# 第6章

# 世界で最も過酷なトーナメント

## 全国社会人サッカー選手権大会

――2018年・神無月

眼の前で元日本代表がアップしている。ただキャップ数があるだけではない。２００６年のワールドカップ・ドイツ大会では、背番号9を付けていた、押しも押されもせぬ当時のエースストライカーだ。あれからすでに12年が経過している。

「沖縄ＳＶの高原直泰って、ワールドカップに出ていたんだけど知ってる?」

この試合でボールパーソンをしていた、地元の女子高生に尋ねてみる。女子サッカーをやっているという16歳は、きょとんとした顔をしていた。

10月19日から24日まで、茨城県で開催されていた全社（全国社会人サッカー選手権大会）。地域リーグ以下の全国の社会人クラブ32チームが一堂に会し、5日間連続のトーナメントを戦うという、日本で（というより世界で）最も過酷な大会である。この大会の存在意義について、うんとわかりやすく説明するならば「地域ＣＬ（全国地域サッカーチャンピオンズリーグ）の出場権が得られる大会」ということになろうか。

これが3大会連続出場となる沖縄ＳＶは、今季昇格した九州リーグを2位で終えている。地域CLはその名のとおり、全国9地域のチャンピオンが集う大会なので、現時点での彼らに出場権はない。ただし、この全社に出場してベスト4に進出すれば、最大で上位3チームに地域CLへのチケットが与えられる（これを「全社枠」という）。

地域CLを勝ち上がれば、その先にはJFLがあり、さらにはJリーグがある。将来のJリーグ入りを目指す沖縄としては、まずこの全社という厳しいトーナメントを勝ち上がらなければならない。ひたちなか市総合運動公園スポーツ広場という、屋根もスタンドもない実に牧歌的な試合会場。そこで、元ワールドカップ戦士である高原のプレーを間近で観戦できる理由を、ご理解いただけただろうか。

その高原、東京国際大学FCとの1回戦では、前半のみの出場（連戦のため40分ハーフで行われる）。それでも沖縄は40分間で4点を挙げ、高原も29分にシュート練習のようなゴールを決めた。しかしメンバーをごっそり替えた後半は、ゴールはゼロ。

「まあ、この1試合のために来ているわけではないし、ここから厳しい相手と戦うことが決まっているのでね。明日も動けるかどうか、わからないですけど（笑）」

試合後、チームを代表してコメントを残した高原。実のところ沖縄SVは、良くも悪くも高原のワンマンクラブである。彼はクラブの代表であり、監督であり、さらには背番号10とキャプテンマークも付けている。しかもクラブ名はハンブルガーSVに、そしてクラブカラー（青地に黄色）はボカ・ジュニアーズに、それぞれ由来。いずれも高原が所属したクラブだ。これほど属人的なクラブを、私は他に知らない。

「日本のフィジカルスタンダードを変える」と宣言してから3年。いわきFCは、これが3回目の全社への挑戦となった。

初出場となった16年の愛媛大会では準々決勝で、17年の福井大会では2回戦で終戦。もっとも、この時のいわきは県リーグの2部や1部を戦っていたわけで、十分に誇れる戦績であった。そして彼らは（少なくとも選手たちは）、県リーグから地域CLに挑戦し、一足飛びにJFLに参入することを目指していた。

しかしレギュレーションの変更により、全社からの飛び級の可能性はなくなった。今大会から「全社枠」で地域CLに参入できるのは、《各地域リーグ最上位リーグの成績が2位、3位のチームで、且つJFLへ入会を希望するチームに限るものとする》となっている（大会実施要項より）。現在、東北リーグ2部南に所属し、圧倒的な強さを誇るいわきであるが、たとえこの大会で優勝したとしても、彼らの今シーズンはここで終わってしまうのである。

クラブの代表と総監督を務める大倉智は、「ウチはJリーグにはこだわらない。むしろ東北リーグをしっかり戦って地元に根付きたい」と語っていた。それでも実際にプレーする選手にしてみれば、「より高いカテゴリーでプレーしたい」と考えるのは自然であろう。果たしていわきは、どの程度のモチベーションをもって、この大会に臨むのであろうか。

いわきの強みといえば、圧倒的なフィジカルの強さ、スピード、持久力、そしてテクニックを度外視した闘争心である。だが全社初戦でFC徳島に対し、1対1のタイスコアでじりじりする展開が続き、77分の勝ち越しゴールでようやく勝利をものにした。昨年の天皇杯2回戦で、J1の北海道コンサドーレ札幌に大番狂わせを起こしたことを思えば、いささか不本意な試合内容だったと言わざるを得ない。

試合後、監督の田村雄三に話を聞いた。いわく「この大会は毎年参加して思うのは、対戦相手が良くも悪くもウチにリスペクトしてくれて、120%の力でやってくる。でもウチには、それを上回れるほどの技量もメンタルもない」。

現在は東北2部ながら、気が付けばリスペクトされる存在となり、このカテゴリーではチャレンジャーではなくなってしまった、いわきFC。飛び級がなくなった全社では、あらためてその真価が問われることになろう。

大会2日目。今大会、個人的に楽しみにしているクラブが登場する。その名も、おこしやす京都AC。今年の3月まではアミティエSC京都という名称だったが、将来のJリーグ入りを見据えて現在の名称となった。

注目選手は、今季からチームに加入したエリック・クミという22歳のガーナ人ストライカー。なぜ関西リーグのクラブにガーナ人がいるのか？　このカテゴリーを取材していると、時おりこういうオーパーツ的な事象に遭遇する。

前回大会で優勝している、鈴鹿アンリミテッドFCとの2回戦。注目のクミは33分、高い打点からのヘディングシュートで先制ゴールを挙げ、2対0で京都が勝利した。試合後、クミを連れてきた人物に話を聞く。クラブの経営企画部で辣腕を振るう添田隆司、25歳である。

添田は3年前の15年、「史上2番目の東大卒Jリーガー」として藤枝MYFCでプレー。昨年、アミティエSC京都に移籍して現役引退している。実は藤枝と京都は提携関係にあり、監督の石田祐樹をはじめ、何人かの選手も前所属は藤枝だ。この提携については、藤枝から昇格のノウハウを吸収したいという、京都側の事情が背景にあった。

では、なぜこのクラブは、ガーナから選手を獲得できたのだろうか。添田いわく「去年の3月にガーナに行く機会があって、そこで八橋（健一）さんという指導者の方にお会いしたんですね。その方は、いずれガーナにアカデミーを作りたいと。僕らも今は国内でスクールを展開していますけど、たとえばガーナで勉強とサッカーをしっかり学べるようなアカデミーを作れたらいいなと思ったんです」。

そのための布石とするべく、白羽の矢を立てたのがクミであった。プレーに若干のムラが感じられるものの、チームにも京都での生活にもしっかり順応しているとのこと。関西リーグ2位で終わっただけに、京都としては是が非でも、全社枠を取りにいきたいところだろう。

北海道から九州まで、全国に9つある地域リーグ。その中でも、とりわけ厳しいリーグ戦が展開されていたのが、関東1部である。

昨年、優勝争いを演じたVONDS市原FCと東京23FCに加えて、元日本代表の岩政大樹擁する東京ユナイテッドFC、そしてJFLから降格した栃木ウーヴァFCとブリオベッカ浦安。これだけ実力あるクラブがひしめきながら、地域CLに出場できるのは1枠。今季の「地獄の関東リーグ」を制したのは栃木で、市原は2位だった。

市原の陣容を見ると、その本気度が伝わってくる。監督は、清水エスパルスを率いた経験を持つ、セルビア人のゼムノビッチ・ズドラヴコ。所属選手には、川崎フロンターレでプレーしたブラジル人のレナチーニョや元日本代表の山岸智、さらにGMには「イビチャ・オシムを呼んだ男」祖母井秀隆の名前もある。

極めて贅沢と思える陣容だが、それでも地域CLにストレートで出場できないのが、関東リーグの厳しさ。そして全社枠の獲得もまた、決して容易なミッションではない。

市原の2回戦の相手は、関西リーグ3位の阪南大クラブである。阪南大学サッカー部のセカンドチームなので、スタメンの平均年齢は20・7歳。これに対して市原は、経験豊富な選手を揃えたこともあり29・1歳だった。「経験の差がものをいう展開になる」というのが戦前の予想であったが、蓋を開けてみると阪南大が13分にあっさり先制。その6分後にレナチーニョのゴールで市原が追いつくという、意外な展開となった。

上：沖縄SVの高原直泰。クラブ代
表と監督とキャプテンを兼任する
下：おこしやす京都ACのガーナ人
ストライカー、エリック・クミ

上：VONDS市原FCのレナチーニョ。
J1でプレーした規格外の選手だ
下：アルティスタ浅間の塩沢勝吾。
地元の子供たちの目標になるのが夢

1対1で折り返した後半は、両者ともにチャンスを決め切れない展開が続き、結局スコアが動かないまま80分が終了。試合の行方はPK戦に持ち込まれることになる。

実はこの時、私は「あ、終わったな」と感じた。というのも市原は、イングランド代表並みにPK戦に弱かったからだ。昨年の全社準決勝、そして地域CLの決勝ラウンド3試合は、いずれもPK戦に持ち込まれて敗戦。そして今回も、先攻の市原は2人が失敗して、彼らの今シーズンは終わった。

「これが全国大会。負けたら終わりというプレッシャーがあるから、PK戦になると勝てない。それ以上に、今季の関東リーグは厳しすぎた。来年はもっと厳しくなると思う」

試合後のゼムノビッチのコメントである。意外だったのは、これまで全社や地域CLのレギュレーションを「おかしい」と主張し続けていた彼が、今回はまったくそれを口にしなかったことだ。このセルビア人指導者も、気が付けば日本のアンダーカテゴリーの習わしに、すっかり染まってしまったようだ。

大会3日目。32チームでスタートした今大会も、8チームに絞られた。この日は月曜日。「月曜日の全社」といえば、サポーターの数が激減して、仕事でチームから離脱する選手も珍しくない。しかしここ数年、サポーターや選手の全社に懸ける姿勢が、より前がかりになっているように感じられる。レギュレーション変更により、3日目で全社枠が決まる可能性が出てきたことも影響しているのだろう。

この日、取材したのは北信越リーグ2位のアルティスタ浅間と中国リーグ優勝の松江シティFC。いわゆる「全社懸け」と「権利持ち（＝地域リーグ優勝）」の対戦である。浅間の場合、松江に勝利してベスト4に進出すれば、地域CL出場に向けて大きく前進。では、「権利持ち」がベスト4の過半数を占めたらどうなるか？　それについては、いささか複雑なルールがあるので、後ほど解説することにしよう。

浅間のメンバー表を見て、懐かしい名前を見つける。塩沢勝吾、36歳。地元・上田市の出身で、水戸ホーリーホック、佐川印刷SC、松本山雅FC、AC長野パルセイロでプレーしている。興味深いのは、松本と長野という信州のライバルクラブを渡り歩いて、北信越リーグの浅間にプレーの場を求めたことだ。その理由について、当人はこのように語る。

「あれだけ『サッカー後進県』と言われた長野県に、今ではJのクラブがふたつありますが、いずれも僕の地元ではない。浅間は、上田がある東信地域のクラブですし、今度は『自分が作り上げていく』という思いもあります。今まで自分は、誰かが築き上げてくれた舞台でプレーをしてきました。でも今度は、東信をサッカーで盛り上げて、子供たちの目標となるような存在になりたいんです」

この日、ベンチスタートとなった塩沢は、若い選手たちを鼓舞しながらピッチに送り出し、自らは1点リードされた状態で65分に出場。高さを生かして前線で起点となるも、浅間は0対

1で敗れてしまった。「次（セカンドキャリア）のことは考えていますけれど、このクラブを次の舞台に上げるまでは（現役を）やめられないですね」というコメントを残し、塩沢は全社のピッチを去っていった。

大会4日目。ベスト4の顔ぶれは、おこしやす京都AC、FC刈谷、いわきFC、松江シティFCとなった。

このうち松江は「権利持ち」、いわきは全社枠の権利がないため、京都と刈谷の全社枠が決まった。残る1枠については、輪番制で地域リーグ2位に出場権が与えられるのだが、《JFLへ入会を希望するチーム》であることが条件。今年は、北海道、中国、北信越の順番で優先権があるが、北海道と中国の2位に「上を目指す」クラブがないため、現状では北信越2位の浅間に権利が回ってくるのが濃厚だ。

第1試合の京都対刈谷は、全社枠を獲得したチーム同士の対戦。本番を考えて、手の内を見せない戦いになることも予想された（実際、京都はメンバーをかなり入れ替えていた）。結局、2対2のスコアからPK戦となり、刈谷が決勝に進出する。第2試合のいわき対松江は、テクニックで上回る松江がいわきのフィジカルを巧みにかわし、2対0で勝利。すでに全社枠の行方は決まっていたものの、それなりに見応えのある試合となった。

もっとも、Jリーグの経験がある指揮官にとっては、このレギュレーションに承服し難いものを感じていたようだ。名古屋グランパスエイト、そして湘南ベルマーレを率いてきた松江の田中孝司監督は「（地域CLの）出場権を取れていないチームにとっては、確かに重要な大会なんでしょう。われわれも去年はそうでしたが、今年はあまり関係ないからね」と、喜びも半分の様子だ。

大会最終日は、カシマサッカースタジアムで3位決定戦と決勝が行われる。主催者側としては「ご褒美」のつもりだろうが、「満員のスタンドならともかく、せいぜい（観客は）100人くらいでしょ」という田中のコメントが、すべてを言い表しているようにも感じられる。

かくして、私にとっての全社取材はこれにて終了。会場の北海浜多目的競技場から、徒歩で鹿島アントラーズのクラブハウスに向かい、そこから高速バスで東京に戻ることにした。

鹿島のクラブハウスを見上げながら、この名門の前身について想いをめぐらせてみる。

前身となる、住友金属工業蹴球団の出自は関西リーグ。1973年の第9回全社で優勝し、翌74年にJSL2部に昇格している（当時は全社が地域リーグからJSLへの登竜門だった）。そして75年、大阪から鹿島製鉄所がある茨城県鹿島町（現・鹿嶋市）に拠点を移転。それから18年後の93年、Jリーグ元年の「オリジナル10」の一員となった。以後の歴史は周知のとおりである。

これまで全社を取材してきて、何度となくJリーグとの彼我の差を感じてきた。とはいえ、ここからJへの道筋は（わずかではあるが）開かれているし、Jの人材やノウハウを受け入れるだけの土壌も間違いなく存在する。そもそも全社の歴代優勝チームを見れば、現在Ｊクラブとなった社会人チームの名前をいくらでも見つけることができるではないか。
Ｊの舞台への距離感を覚えつつも、一方で日本サッカーの裾野の広がりが感じられた、今回の全社取材であった。

［付記］第54回全国社会人サッカー選手権大会は、松江シティＦＣが優勝。2位ＦＣ刈谷、3位いわきＦＣ、4位おこしやす京都ＡＣとなった。

# 第7章

# サッカーを変える、人を変える、奈良を変える

奈良クラブ

——2018年・師走

会場に到着すると、まず耳に入ってきたのがJ・ガイルズ・バンドの往年のヒット曲『堕ちた天使』。そして目に飛び込んできたのが、クラブカラーである「あをによし」で染め上げられた、少しバランスを崩した「N」のロゴ。このロゴデザインこそ、新しく生まれ変わる、奈良クラブの象徴である。

天皇杯決勝が行われた12月9日の13時、奈良クラブの新体制&ビジョン発表会「N．PARK DAY」が都内で開催された。JFL所属の奈良クラブは、今シーズンの順位が16チーム中8位。Jリーグ百年構想クラブ、そしてJ3クラブライセンスは取得しているものの、JFLに昇格した4シーズンは、いずれもパッとしない成績に甘んじてきた。

そんな奈良クラブが、10月に新会社を立ち上げてトップチームの運営を移管。その代表取締役社長には、中川政七商店会長の中川政七、44歳が就任することとなった。

中川政七商店は、３００年以上前の１７１６年（享保元年）に奈良で創業した。手績み手織りの麻織物を扱う老舗で、中川はその十三代目。この3月、創業から初めて中川家以外の女性を新社長に据えると、自らは経営の第一線から退く。そして次なる転身先が、プロサッカークラブの社長であった。

余談ながら、中川自身はサッカー経験者だが、当人いわく「ピークは全少（全日本少年サッカー大会）に出場した小6時代」。ポジションはGKだった。

奈良クラブの新社長は、確かにサッカーが大好きな人間ではあった。けれども、それ以上にビジネスの人間であった。それも、かなり優秀な。

「11月26日に（新体制発表の）プレスリリースを出したんですけど、同じタイミングでニュースピックスの独占インタビュー、それと日経クロスメディアにも記事が出ました。さらにフットボリスタで6日連続のインタビュー記事が掲載されて、それから都内での会見という流れでしたね。もちろん、僕のほうで仕込みました（笑）」

かように事もなげに語ってしまえるのが、奈良クラブの新社長なのである。

ちなみに、奈良ではなく都内で新体制発表を行うことについては、一部サポーターから疑問の声が出ている。これに対しても中川は《メディアにのらないことには結局奈良の人にも届かないと考え東京での開催を決めました》とツイッターで反論。かように柔軟な発想ができる経営者でもある。

奈良クラブについては、関西リーグに所属していた2011年から、事あるごとにチェックしてきた。そのユニークなデザインのユニフォームを、中川政七商店が手がけてきたことも、もちろん知っていた。それだけに、この急展開には正直、意表を突かれた。

それまでスポンサーだった企業の社長が、新会社を立ち上げてクラブのトップに就任する。構図としては、V・ファーレン長崎がジャパネットホールディングスの子会社になったケースに似ている。昨年は、サイバーエージェントがFC町田ゼルビアの経営権を取得したことも話題になった。もっとも中川自身は「僕は髙田（明）さんや藤田（晋）さんみたいなお金持ちじゃないですから」と笑う。

同じビジネス畑からの参入とはいえ、中川が奈良クラブで実現しようとしていることは、長崎や町田のケースとは、ベクトルやメソッドがいささか異なるようだ。

果たして、異能の経営者である中川は、サッカークラブの経営によって何を目指すのか？ 当人とボードメンバーの証言をもとに、探っていくことにしたい。


「去年の年末ですかね。『何かお願いするかもしれない』という連絡を中川さんからいただきました。もともと奈良で何度か、お仕事をご一緒したことはありました。実は僕自身、サッカーは詳しくないんですよね（苦笑）。とはいえ、どんなジャンルであってもデザインのマナーはわかっていますから、そこの部分で期待されているんだろうなって思っています」

そう語るのは「N」のロゴをデザインした山野英之である。ボードメンバーでは「アートディレクター」として名を連ねる山野は、中川と同じ奈良の出身。今は都内にアトリエを構え、エディトリアルやブランディングなど、さまざまなデザイン領域で活躍している。

実は山野には、今回のロゴの意匠についても詳しく話を聞いているのだが、ここでは中川の人となりについてのコメントのみを紹介する。

「まず、優秀というイメージですよね。秀才が集まることで知られる、地元の東大寺学園から京大に進んでいますから。経営のプロであることは間違いないんですが、彼自身はデザイナーであり、モノづくりの人でもある。伝統を尊重しながらも、それに縛られることなく自由なアイデアを出せるし、決断も早い。それと『学び』というものに、とても関心がある人です。実は私も美大で講師をしていることもあって、学びという部分で中川さんに共鳴したところは、間違いなくありますね」

そんな中川へのインタビューが実現したのは、暮れも押し迫った18年のクリスマス。仕事納めを翌日に控えた多忙な中、奈良市内にあるクラブハウスで話を聞くことができた。挨拶もそこそこに、まず確認したかったのが中川のバックグラウンドである。

前述したとおり中川は、彼は中川政七商店の十三代目。しかしながら、当初は家業を継ぐ意思は希薄で、親からも過度の期待を受けることはなかったそうだ。

「大学は法学部で、弁護士を目指した時期もありましたが、一般企業(富士通)に就職しました。SEの肩書きのまま、プロマネみたいなことを2年やってみて、大企業では偉くなれないことがわかった。それで転職を考えたんですが、中小企業でIT以外の業種、なおかつ伸びしろのあることが条件。当てはまったのが、実家の商売だったんです。結果として『家業を継ぐ』ことになりましたけど、僕にとっては初めての転職先が中川政七商店。奈良クラブは『人生二度目の転職』なんです（笑）」

かくして中川は、高校時代まで過ごした奈良に帰ってきた。しかし、しばらくは地元に馴染めなかったという。奈良は教育熱心で知られる土地柄だが、一方で県外就職率は全国で2位。勉強でも仕事でも「できる人」はさっさと地元に見切りをつけて県外に流出してしまう。中川自身、典型的な奈良出身の若者のひとりであった。

「最初は、奈良に戻るのが嫌でしたね（苦笑）。それが変わってきたのが、2010年くらいから。東京のクリエイティブ寄りの人たちから『奈良っていいですよね』って何度も言われるようになったのがきっかけです。僕自身、どこに良さがあるのかも全然知らなかった。でも、東京のお客さんを案内しているうちに、自分でも気付かなかった奈良の魅力というものを、次第に理解できるようになりました。ちょうどその頃でしたね。奈良クラブの矢部次郎さんと出会ったのは」

奈良クラブの源流を辿ると、1991年設立の都南クラブに行き着く。この純然たるアマチュアチームを、08年に奈良クラブと改称し、「奈良県からJリーグを目指す」ムーブメントを作り出したのが、やはり奈良出身で中川より4歳下の矢部次郎である。

地元の奈良育英高校から、名古屋グランパスエイトに入団。サガン鳥栖、FCホリコシ（のちにアルテ高崎）を渡り歩き、06年にいったん現役引退。以後、奈良クラブにすべての情熱を傾ける人生を歩むようになる。

中川と出会った10年は、ちょうどクラブをNPO法人化した時期で、チームは関西リーグ1部に所属。中川は初めて見る奈良クラブの試合で、サッカーを通じて感じる帰属意識というものを体験し、強い衝撃を受けることとなる。

「富士通時代に、川崎フロンターレの試合を見たことがあったんですが、あの時とはまったく違う感覚でしたね。『これこそ、わが街のクラブだ！』って。それで、何かお手伝いしたいと思ったんですが、当時の中川政七商店にはスポンサーになる余裕はありませんでした。お金以外で何かサポートできないかと考えた時に、当時の奈良クラブは地域リーグでしたから『だったら手数をかけずにクラブを認知させよう』と。要するに、ブランディングですよね。そこで思いついたのが、ユニフォームのデザインでした」

このアイデアは見事に当たった。1年目が「蔦蔓文様」、2年目が「霰小紋」、3年目が「大和蹴球吉祥文」。日本の伝統文様を前面に押し出した、奈良クラブのユニフォームは、県外でもカルト的な人気を呼ぶこととなる。一方、13年の夏には「昇格請負人」の異名を持つ岡山一成を「奈良劇場総支配人」として獲得。全国的な注目を集めながら、翌14年には地域CL（全国地域サッカーチャンピオンズリーグ）の前身である地域決勝に優勝して、見事JFL昇格を果たした。

もっとも、奈良クラブの10年史を振り返る時、矢部ひとりに依存しすぎた負の側面は否めない。ほとんどワンオペ状態のクラブ経営に、矢部自身もまた限界を感じるようになっていた。以下、当人の回想。

「最初は現役復帰して監督兼選手、その後はGM兼監督でした。本当はフロント業務に専念したかったんですけど、結局は自分が抱え込まざるを得ない状況になってしまいましたね。JFL昇格を決めた14年からは、いちおうGM専任という立場になったんですが、実質的には何でもやっていましたね。強化と営業と広報、それからアカデミーのコーチやバスの運転手も(笑)。関西リーグのアウェーは、基本的に僕が選手バスを運転していました。そりゃあ、しんどかったですよ。そのしんどさを、中川さんも気付いていたと思います」

一方の中川は、企業コンサルティングも生業としていたから、奈良クラブの経営に無関心なわけではなかった。しかし「決算書を見てしまったら、絶対に気になってしまうから」あえて一定の距離を置いていた。それでもクラブの運営には、気になることが2点あったという。

「ひとつは、矢部さんはサッカー界のキャリアはあったけれど、一般企業で働いたこともなければ、当然ながら経営の経験もなかったこと。もうひとつは、クラブの積み上げがないこと。監督はコロコロ代わるし、クラブとしてのビジョンも明確でない。いちおう『プライド・オブ・奈良』というコミュニケーションはあるんだけど、きちんと『言語化』されていないので、現場まで浸透していかない。明確なビジョンが共有されていないと、目の前の勝負ばかりに終始してしまう。これでは、積み上がっていかないですよね」

奈良クラブの行く末を案じる一方で、中川自身も「人生二度目の転職」を真剣に考えていた。18年には、中川政七商店に転職して16年になる。その間、新ブランドの立ち上げやコンサルティング業務など事業の幅を広げ、店舗数は3から51に、売り上げも4億円から52億円に伸ばした。次の16年後には還暦を迎える。新しいことを始めるには、ちょうど良いタイミングではないか──。

視線の先にあったのが、奈良クラブであった。理由は3つ。まず、パブリックなイメージのある会社を良くするほうが、絶対にインパクトがあること。次に、まったく異なる業界のほうが、経営者としての力量が問われること。そして、今後取り組むべき自身のテーマが、「学び」であったこと。その上で、こう続ける。

「学びというものを奈良クラブに、さらにはサッカーの世界に持ち込んだら、きっと面白いだろうなと思ったんですね。たとえばサッカーについて、体系的かつ学術的に書かれた書籍って、日本にありますか? そこの部分が、ヨーロッパと比べてまだまだ未成熟。でも、だからこそ、学びの余地は十分にあるんじゃないかと思ったんです」

ただ、ピッチ上で結果を出して、Jリーグに昇格することだけが目的ではない。サッカーを

UTANI & Co.
式会社 渋谷
GAVIC
享保元年
中川政七

MARU
Squadra
三百
周年
麻もの
中川政七商店

通じて、人の成長に寄与し、人を変えることで奈良がより魅力的な街になることを目指す。これが、奈良クラブが新たに掲げた「サッカーを変える、人を変える、奈良を変える」というビジョンである。

中川が前職の社長を退いたのは、18年3月。しかし、自身の新たなプロジェクトは、前年の夏から始まっていた。この「サッカーを変える、人を変える、奈良を変える」というビジョンが旗印となり、中川とつながりのある多士済々が、ベクトルを奈良に向けるようになる。

だが、これまでの人脈では、どうしてもカバーできない分野があった。

「クリエイティブやマーケティングやテクノロジー系のメンバーは揃いました。矢部さんには、新会社の副社長とNPO法人の理事になっていただく。問題は、GM。肝心のサッカーを誰に一任するのか、でした。いろいろ思案するうちに思い出したのが、フットボリスタで記事を書いていた林舞輝のことでした。確かに23歳と若いんだけど、イングランドやポルトガルで最先端のサッカーを学んでいるし、間違いなく頭もいい。われわれがやろうとしているプロジェクトの意義と大きさ、そしてGMとして期待されていることも、きっと理解してくれるだろうと」

ここで、奈良とは縁もゆかりもない若きGM、林舞輝が登場する。

英国の大学とポルトガルの大学院でコーチ学を学び、その間にチャールトン・アスレティックのアカデミーコーチやボアビスタBチームのアシスタントコーチを経験。これだけの輝かしい経歴もさることながら、ジョゼ・モウリーニョの講義も受けていたような若き才能が、日本の4部リーグの現場に降り立つというギャップにまず圧倒される。しかし林自身は、大いなる野心を抱いて奈良にやって来たと語る。

「実は他からも、いくつかオファーをいただきました。それでも、自分がやりたいことを全部できるのは奈良だけだろうと確信しましたね。普通のJクラブだと、現場オンリーになるだろうと。でも、ここでならゲームモデルの作り方、スポーツ心理学や栄養学など、いろいろなことを考えながら仕事ができます。それに中川さんという、ビジネスやブランディング分野のすごい人と、一緒に仕事ができるわけですから」

それにしても、いくら素晴らしい経歴の持ち主とはいえ、GMという重責を23歳の若者に託すことに不安はないのだろうか。当の林は「全然。向こうで学んでいる間に、日本のサッカー界の常識がぶっ飛んでしまいましたから(笑)」。一方の中川も「多少はありますけど、仕事に年齢は関係ないですから」。その言葉から、前例に囚われない発想の柔軟さが窺える。

ここで、奈良クラブが発表した「N」のロゴに話題を戻す。平城京の右京と左京、そして外京をモティーフにしたデザインを目にした時、まず思いだしたのがユベントスであった。このイタリアの名門クラブは、それまでのエンブレムを一新。頭文字「J」を強調する、大胆にミニマル化したデザインは世界を驚かせた。「N」のロゴがユベントスの影響を受けていることを認めた上で、中川はこう語る。

「ユベントスが目指したのは『コミュニケーションの改善』なんですよ。エンブレムって、紋章に由来しているものが多くて、単体だとデザイン的に扱いにくいんです。そこを彼らは変えたわけですが、なぜ日本で追随する動きがないのか、僕には不思議です。もちろん、今のエンブレムに愛着があるのはわかるし、上手くいっているんだから変えたくないというのなら理解もできます。奈良クラブの場合、現状が上手くいっているわけではないし、今のエンブレムに愛着があるのなら残せばいい。その上で、新しいロゴを導入することに、僕は躊躇しなかったです」

中川の言葉を引き出しているうちに、髙田明や藤田晋とは明らかに異なる、経営者としての独自の強みが明確になったように思う。それはすなわち「ブランディング」の発想だ。

中川が『奈良の小さな会社が表参道ヒルズに店を出すまでの道のり』という、ブランディングを体系化した本を上梓したのは08年のこと。今から10年前の話である。当人いわく「誰かに教えを請うこともなく、失敗したらやり直すことを繰り返して、自分の中でのブランディングの型を作ってきました」。そのメソッドは、まず中川政七商店でのビジネスでフルに活用され、そして今度は奈良クラブにも移植されようとしている。

「これまでサッカーの世界では、経営の発想が希薄だったと思うんですよ。もちろん、経営のやり方はいろいろあって、マーケティングを重視するか、ブランディングを重視するかでまったく違ってくる。世の中の主流は、今のところマーケティング重視で、実際にそれで成功しているところが多いのも事実です。でも僕としては、やっぱりブランディング重視でいきたい。『サッカーを変える、人を変える、奈良を変える』というビジョンを第一に掲げているのも、そのためなんです」

悠久の歴史と貴重な文化遺産、そして教育熱心な土地柄をベースとした「学び」というキーワード。日本の伝統美をベースとしながらも、海外のトレンドをいち早く取り入れる発想力と決断力。地方を逆手に取った、ユニークな発信力。そして23歳のGMを抜擢する話題性。これらはいずれも、中川が独自に培ってきたブランディングメソッドの発露であった。

確かに、奈良クラブの新しい試みはいずれも革新的なものばかりであり、それらが実現すれば地域のみならず、日本のサッカー界やスポーツ界にも大きなインパクトを与えることは間違いないだろう。

とはいえ、ビジョンは掲げられたものの、まだ何も始まっていないのも事実。そのことは、中川自身も認めている。最後はやはり、当人の言葉で締めくくることにしよう。

「おっしゃるとおり、今のところ成果はゼロ、『口だけ』の状況です（苦笑）。それでも今、言えることは『まずは一度、スタジアムに来ていただきたい』ということですね。どんなに言葉を費やしたところで、結局はスタジアムで楽しんでいただけるかどうか、そこがすべてだと思っていますので」

［付記］２０１９年12月７日、奈良クラブは入場者数の水増しが行われ、それを上層部が黙認していたことを明らかにした上で謝罪した。水増しは同クラブがＪＦＬに昇格した15年から行われており、事態を重く見たＪリーグは、Ｊリーグ百年構想クラブの資格を解除条件付き失格とすることを決定。その後のクラブの努力により、20年１月30日に失格を解除し、Ｊリーグ百年構想クラブの再認定を発表した。なお、中川政七社長は退任。後任の社長には奈良出身で、欧州ビッグクラブのライセンスビジネスやマーケティングに携わってきた、浜田満が就任した。

# 第8章

# アマチュア最高峰で
# あり続けるために

FCマルヤス岡崎

——2019年・卯月

初めて乗る列車で、まだ見ぬスタジアムを訪れる——。フットボールファンにとって、これこそ遠征の醍醐味と言えるだろう。それが、日本代表戦やJリーグの取材で馴染み深い名古屋となれば、かなりレアな経験と言える。

パロマ瑞穂スタジアムであれば、地下鉄桜通線。豊田スタジアムであれば、地下鉄鶴舞線／名鉄豊田線。名古屋での取材で利用する鉄道は、実は極めて限られている。

新元号の令和が発表されて、最初の日曜日となった4月7日、私は名古屋臨海高速鉄道あおなみ線に初めて乗車。目的地は、名古屋市港サッカー場（通称、名古屋港）である。

桜が美しい季節であった。薄いピンクの花びらと、照明塔の鉄サビとのコントラストが実に印象的である。この球技専用競技場が作られたのは1993年。瑞穂の芝生が張り替えられた時には、名古屋グランパスエイトのホームゲームも行われたが、最後にJリーグの試合が開催されたのは94年6月。以降は天皇杯予選やJFLなど、アマチュアの試合会場として使用された。

「ウチのホームゲームは、名古屋港でやることが多いんですけど、岡崎から見るとすごく遠いイメージなんですよね。住宅地ということもあって、鳴り物が禁止というのもつらいです」

そう語るのは、FCマルヤス岡崎のサポーターである。マルヤスはJFLに参入した2014年、工場がある岡崎市への帰属意識を明確にするべく、それまでのマルヤス工業株式会社サッカー部から、FCマルヤス岡崎とクラブ名を改めている。

ところが試合が行われるのは、名古屋港をはじめ、瑞穂や豊田といった市外ばかり。岡崎市内にJFLの試合を開催できるスタジアムがないため、マルヤスは本来のホームタウンで一度も試合をできないまま今に至っている。

この日の対戦相手は、東海リーグから昇格したばかりの鈴鹿アンリミテッドFC。スペイン人の女性指導者、ミラグロス・マルティネス・ドミンゲスが今季から指揮を執り、何かと話題性のあるクラブだ。だが話題性という意味では、マルヤスも負けてはいない。

試合が始まったばかりの11分、背番号35のセンターバックが担架で運ばれていく。無念の負傷交代となったのは、去年までセレッソ大阪でプレーしていた茂庭照幸、37歳。元日本代表であり、06年のワールドカップ出場経験もある茂庭が、JFLの企業チームでプレーしていることに、驚くJリーグファンも少なくないだろう。

今季のマルヤスは茂庭以外にも、多々良敦斗（前ロアッソ熊本）、船谷圭祐（前水戸ホーリーホック）、松本孝平（前名古屋グランパス）といった元Jリーガーを続々と補強。それだけではない。08年にFC岐阜で現役を終えた、元日本代表の森山泰行が「チームディレクター兼任」として、49歳で現役復帰することも発表された。現在35名いる登録選手のうち、「契約選手」という名のプロ選手は半数以上の18名を占める。

純然たる企業チームでありながら、積極的な補強を進めるFCマルヤス岡崎。果たして彼らは、JFLのさらに上を目指しているのだろうか。

一部でそんな噂も聞こえてくるものの、岡崎市内で試合ができない現状を考えると、彼らが「愛知県第2のJクラブ」を目指すのは、およそ現実的とは思えない。ならば、なぜ彼らは、地方の企業チームとは思えない補強を続けているのだろうか。

私が今回、ホームゲームが行われる名古屋港と岡崎市を訪れた理由は、そうした疑問を解明するためであった。

愛知県の中央に位置する岡崎市は、人口およそ38万人。名古屋市（約228万人）、豊田市（約42万人）に次いで県内第3の人口を誇る。愛知といえば尾張と三河、ふたつの文化圏に分かれており、前者は織田信長と豊臣秀吉を、後者は徳川家康を輩出。観光名所である岡崎城は、家康の出生の地として知られている。

マルヤスのサポーターによると、岡崎市民には「三河の中心」という強い自負があるそうだ。名古屋は「別の国」であり、同じ西三河の豊田については「成り上がり」のイメージ。「昔は岡崎の松坂屋に、豊田市民はわざわざ買い物に来ていました」と、その人は懐かしむ。

ところが2001年に松坂屋豊田店がオープンし、その9年後には岡崎店が惜しまれながら閉店。両者の立場が逆転する、象徴的な出来事であった。

では、岡崎市民にとってマルヤス工業という会社は、どれだけ馴染みがあるのだろうか。「正直、あんまりという感じですよね（笑）」と語るのは、別のマルヤスサポーターである。

「今は『川向こう』という言葉は差別と取られかねないですが、矢作川の向こう側って、岡崎市民にとって遠い土地なんですよ。三菱自工やフタバ産業もありますから、マルヤスだけが別格というわけでもないですし」

マルヤス工業株式会社が創業したのは、1956年のこと。長野県岡谷市にある、マルヤス機械株式会社から、自動車部品の製造と販売の部門が、分離独立して誕生した。岡崎工場が稼働を開始したのが65年。そのわずか3年後、メキシコ五輪で日本が銅メダルを獲得した68年に、早くもサッカー部が創部されている。

現在、マルヤスのGMを務める塩崎正志は、黎明期を知る数少ない語り部である。福岡の高校を卒業後、18歳でマルヤスに入社したのは74年のこと。当時、サッカー部は愛知県1部を戦っていた。塩崎は1年目の秋からレギュラーを獲得。3年目の76年からは、活動の舞台を東海リーグに移し、83年までプレーを続けた。

「この年、ウチは東海リーグで2位になって、初めて地域決勝に進んだんですね。帝人松山、電電近畿と同じグループでしたが、まったく歯が立たなかった。それ以上にショックだったのが、悔しくない自分がそこにいたこと。結局、そのシーズンで現役を引退しました」

地域決勝とは、現在の地域CL（全国地域サッカーチャンピオンズリーグ）の前身である。余談ながら、この大会でJSL2部に昇格したのが横浜トライスター、そして松下電器産業（入れ替え戦に勝利）。それぞれ、横浜フリューゲルスとガンバ大阪として、Jリーグ開幕時のオリジナル10に名を連ねている。

一方のマルヤスは、地域リーグにとどまり続けた。東海リーグは2002年に2部制となり、マルヤスは03年と04年に2部暮らしとなるが、05年からは再び東海1部に返り咲き、13年までその地位を守り続ける。その間、塩崎は94年から09年まで監督として全国リーグを目指したが、二度目の地域決勝出場には至らなかった。

マルヤスが本格的にJFLを目指すようになったのは10年のこと。この年、マツダSCでハンス・オフトのコーチングスタッフだった、小原秀男（故人）を監督に迎えている。月刊『Grun』5月号に、マルヤス工業社長（現会長）、山田隆雄のインタビューが掲載されていた。以下、引用する。

《創部40周年の08年に山田社長は、愛知県サッカー協会の副会長に就任。「協会幹部の方から『マルヤス工業は長いサッカー部の歴史がある。東海社会人リーグで安住していていいのか?』とハッパをかけられました(笑)。当社も関連会社を含めれば従業員2000~3000人。サッカー部の活躍が従業員やその家族たちの励みになる。さらに強くなれば岡崎市民の誇りとなり、会社を超えて地域貢献にもつながるのではないかと考えました」》

13年、マルヤスは30年ぶりに地域決勝に出場する。1次ラウンドで同組となったのは、ヴォルカ鹿児島、FC大阪、レノファ山口FCで、結果は2敗1PK負けの最下位。やはり全国への道は容易ではなかった。

ところがこの年、思わぬ形でマルヤスに東海リーグ卒業のチャンスが訪れる。

「次の14年からJ3ができるということで、上を目指すクラブが引き上げられ、JFLが6枠空くことになったんですよね。それで、マルヤスも入れてもらえることになったんですが、企業チームはウチだけでした」(塩崎)

JFLの使者からのメッセージは「マルヤスさんにその気があるなら、推薦するのはやぶさかではない」というもの。結果、JFL昇格を果たしたのは、ファジアーノ岡山ネクスト、鹿児島ユナイテッドFC、ヴァンラーレ八戸、アスルクラロ沼津、そしてレノファ山口FCとマルヤスであった。このうち、ファジネクは16年に活動停止。鹿児島と八戸と沼津と山口は、いずれも今はJクラブとなっている。

上を目指すクラブにしてみれば、JFLは単なる通過点でしかない。その点、38シーズンにわたって東海リーグで活動を続けてきた企業チームならば、しばらくJFLに居ついてくれるのではないか――。そんな思惑が、主催者側にあったのかもしれない。

いずれにせよ、創部から47年目でマルヤスは、初めて全国リーグの舞台を戦うこととなった。クラブ名をＦＣマルヤス岡崎と改めたものの、岡崎では一度もホームゲームを開催できなかったのは先に述べたとおり。そしてＪＦＬ最初のシーズン、マルヤスは全国との圧倒的な力の差を痛感する。この年から選手兼任で監督となった、山村泰弘（現・理事）は語る。

「ＪＦＬの1年目は、社員選手だけで挑みましたが、3勝しかできずに最下位。この年、降格はなかったんですけど、今の戦力のままだと厳しいのは明白でした。そこで翌年に補強したのが、ＳＣ相模原を退団していた佐野裕哉。横浜まで出向いて口説き落としましたよ（苦笑）。サッカーＩＱが高い選手なので、きっとチームにプラスになるという確信はありましたね」

山村の努力の甲斐もあり、チーム数が16に増えた翌15年は13位、16年は14位で何とか残留を決めた。しかし、新監督に大江基允を迎えて臨んだ17年、マルヤスはまたしても連敗の泥沼にはまり込む。20試合で勝利したのは3試合のみ。そしてセカンドステージ第5節、ＦＣ大阪に1対6で大敗したことが決定打となり、クラブは大江との契約解除を決断する。

「降格ラインが見えていた状態でしたからね。シーズン途中での監督交代は、クラブ史上初めてでした。でも、ＪＦＬから地域リーグに落ちると、なかなか這い上がれない。やはり『ＪＦＬにマルヤスあり』ということを、われわれは示さなければならなかったんです」（山村）

岡崎駅から愛知環状鉄道に乗り、さらに三河上郷駅からバスに乗り換えて、阿知和《あちわ》という場所を目指す。そこに、マルヤスの専用練習場があった。といっても、去年まで土だった敷地に、今年から会社が予算を付けて人工芝にしたグラウンドである。矢作川の向こう側は、岡崎の中心街とは大いに異なり、豊かな田園地帯が広がっていた。

「確かに大自然ですよね。夏になると蝉の声がすごいし、マムシも普通にいます（笑）。でも、専用の練習場があるのは本当に有り難い。人工芝になったことで、怪我人の数はめっきり減ったし、選手たちの意識も変わりましたから」

そう語るのは、監督の北村隆二、38歳。2年前、マルヤスのコーチだった彼は、降格の危機に瀕したチームの命運を託された。残り10試合で、初めての監督就任。当人いわく「死ぬかと思うくらいのプレッシャー」を感じながらも、6勝2分け2敗の9位でシーズンを終え、見事に残留を果たした。その後もチームを率いて、今季で3シーズン目となる。

明日の試合に向けて、ベンチ入りメンバーのトレーニングは終わり、出場しないメンバーがミニゲームで汗を流している。そんな中、黙々とランニングしているのが森山泰行。元号が変わる5月1日には50歳となる。今は足を捻挫して、ボールに触ることができないが、現役復帰を決めてから体重を12キロも落としたそうだ。

「マルヤスとの接点ですか？　隆二とは岐阜で一緒だったたし、塩さんも監督時代に東海リーグで対戦しているので面識はありました。チームの状況も知っていたので、残留するためのアド

31
30
15

19
23
11
JFL

バイスをさせていただいたこともありましたね」

北村と森山は、立場で言えば「監督」と「選手兼チームディレクター」。それでも、ふたりだけになると「ゴリさん」「隆二」と呼び合う。両者とも04年まで名古屋グランパスエイトでプレーし、05年には森山が北村を誘う形で、東海リーグ２部だったＦＣ岐阜でもチームメイトとなった。

そして今回、北村が森山を三顧の礼で迎える形で、両者は再び「戦友」という関係性を復活させた。以下、北村の証言。

「ゴリさんへのオファーですか？　去年の夏くらいからアプローチしていました。最初は選手というよりも、集客とか営業とか選手補強とか、もっと全般的なことで考えていましたね。特に補強に関しては、浦和学院で監督をやっていたこともあって、関東の高校や大学に人脈を持っているというもの大きかったです」

実は森山は、昨年まで5年間、浦和学院高校サッカー部の監督を務めていた。その指導は、戦術論やシステム論よりも、むしろ人間育成に力点が置かれていたという。興味深いのは、高校での指導経験があったからこそ「50歳目前での現役復帰」という発想が浮かんだことだ。

「高校生にいろいろ指導しているうちに『俺って現役時代、そんなにちゃんとやっていたのか？』って疑問に思うようになったんです。確かに僕はサッカーを通して、いろいろなことを学んできたし、人間的にも成長してきました。ただ、これまで指導してきたことを、今でもちゃんとできるのか確認したかった。それで、現役復帰を決断したんです」

森山と北村が並ぶ姿を見ていて、個人的に思いだすのが「Jリーグを目指して」東海リーグを戦っていた06年のFC岐阜である。13年前の岐阜は強かっただけでなく、ホームゲームに1万人の観客を集めたこともある、まさに地域リーグのスーパークラブであった。

そもそも森山が、自身の地元である岐阜に帰還していなかったら、その後のFC岐阜の歴史はなかった。それは誰もが認めるところであったが、J2昇格を果たした08年に深刻な経営問題が発覚。「ミスター岐阜」と呼ばれた男は、極めて不本意な形でクラブを去ることを余儀なくされた。

FC岐阜での大いなる夢、そして挫折。当時の思いについて、森山は多くを語ろうとはしない。それでも、「岐阜でやり残したことをマルヤスで実現したいのでは？」と水を向けると、当人は笑顔を見せながらも、否定することはなかった。

再び、名古屋港にて。0対0で迎えた76分、マルヤスは寺尾憲祐の右からのクロスに城内龍也が右足でネットを揺らす。これが決勝点となり、鈴鹿を破ったマルヤスは、順位を14位から9位に上げた。

前述したとおり、このところ積極的な補強が目立つマルヤスだが、監督の北村は「社員選手と契約選手の関係なく、実力で選んでいる」と明言する。確かに、この日のスタメンのうち社員選手は4人。アシストした寺尾は契約選手だが、ゴールを決めた城内は業務部、茂庭に代わってセンターバックに入った熊澤圭祐は生産管理部の社員選手だ。

この日はマルヤスの社長、山田泰一郎が観戦に訪れていた。試合後、監督の北村とスーツ姿の森山が、社長と話し込んでいる姿を目にする。この日の成果と課題、個々の選手についての評価、そして今後の方針を説明しながらも、会社のバックアップに対する感謝の言葉を忘れない。このクラブが誰の意思によって存続しているのか、明快に理解できる光景がそこにはあった。

そろそろ、今回の問題提起の答え合わせをすることにしたい。ここ数年のマルヤスの補強は、ＪＦＬのさらに上を目指してのものなのだろうか。

ＧＭの塩崎は「ずっと2桁順位のチームが、Ｊリーグうんぬん言える立場にないですよ」と苦笑する。ではなぜ、戦力補強を続けるのだろうか。塩崎の答えは「ＪＦＬから落ちないためですよ」という、至ってシンプルなものであった。

「実は、真伝町にある県営の運動場が岡崎市に移管されて、龍北総合運動場として再整備されることが決まりました。そこで試合ができるのは2年後の21年。その日を迎える時、われわれは全国リーグを戦っていなければならない。岡崎市でＪＦＬを開催して、そこで必ず勝てるようになる。それが実現できないうちは『さらに上へ』という話にはならないでしょうね」

岡崎に強いチームができて、市民の間で「わが街にＪクラブを」という機運が高まり、やが

岡崎
MAR
CO., LTD
INDUSTRI

て行政を動かすようになって、持続可能な市民クラブとなる。そうした手順を踏まなければ、虚しい掛け声に終わるだけである。社員サポーターにも話を聞いたが「今のレベルで十分。無理にJリーグを目指す必要はないと思います」と言い切る。

メキシコ五輪の年、工場の福利厚生の一環で生まれたサッカー部は、半世紀以上の歴史を刻みながら、今はアマチュア最高峰の全国リーグで戦っている。そして社員も契約も関係なく、全選手がサッカーに集中できる最低限の環境が、ここには揃っている。

そうして考えると、ここから無理に上を目指す必然性は感じられない。しかし一方で「この状況が今後も続くのだろうか?」という疑念も残る。

選手の身分や生活が保証される反面、経営者の判断ひとつで活動の場が失われてしまうのが企業スポーツの宿命。そうしてJFLから姿を消したクラブを、私たちはいくつも知っている。

かつてTDKサッカー部が、リーマンショックのあおりを受けて廃部となり、市民クラブとして再生したのが、現在J3に所属するブラウブリッツ秋田である。岡崎にJクラブの機運が高まるとしたら、こうしたケース以外は考えにくいだろう。

もちろん、百年続く企業クラブがあっていいし、マルヤスがそれを目指すのであれば、心から応援したい。景気後退が懸念される昨今、FCマルヤス岡崎が令和の時代も全国の舞台を戦い続け、さらなる歴史を積み重ねてゆくことを願わずにはいられない。

# 第9章
# 最大の「Jクラブ空白県」でのダービーマッチ

ホンダロックSC&テゲバジャーロ宮崎

——2019年・皐月

「当機は間もなく、定刻どおり宮崎ブーゲンビリア空港に到着予定です。現地の天候はくもり、気温は……」

そんな機内アナウンスを耳にして、思わず座席からずり落ちそうになった。ぶ、ぶ、ぶーげんびりあですか？

あとで調べたら、宮崎空港がこの愛称を採用したのは、今から5年前の２０１４年。私が最後に宮崎空港に降り立ったのは、その3年前の11年であった。

東日本大震災があった、あの年。私は当時ＪＦＬに所属していた、松本山雅ＦＣを追いかけていた。そして12月4日、小林総合運動公園市営陸上競技場でのホンダロックＳＣ戦に勝利したことで、松本は悲願のＪ2昇格を果たしたのである。松本目線で見れば、確かに感動的な試合。しかしホームのホンダロック目線で見ると、印象はかなり異なる。

この試合は彼らにとって、シーズン最後のホームゲーム。試合後には、引退して社業に専念する選手たちのセレモニーが行われた。しかし、万感こもった彼らの挨拶は、山雅サポーターたちの歓喜の声で、すっかりかき消されてしまった。

あれから8年。松本が2度目となるトップリーグでの戦いに挑む一方で、ホンダロックは相も変わらず「アマチュア最高峰」での日々を粛々と過ごしている。一見すると、大きな変化が感じられないJFL。しかしながら、彼らのホームタウンである宮崎県のサッカー事情は、当時と比べて少なからず変化していた。

17年の地域CL（全国地域サッカーチャンピオンズリーグ）で、石崎信弘監督率いるテゲバジャーロ宮崎が、初出場ながら決勝ラウンドを2位で突破。これにより18年から、県内に2つの全国リーグを戦うクラブが並び立つこととなり、宮崎ダービーが成立することとなった。

19年現在、九州地域（沖縄を含む）には、J1に2クラブ、J2に4クラブ、そしてJ3に2クラブが存在する。九州各県から、次々と地元にJクラブが誕生する中、宮崎だけは広大な「Jクラブの空白地」であり続けた。県を代表するホンダロックは、企業チームとして存続する道を選び、県民の間からもJクラブを渇望する声が上がることもなかった。

それだけに、テゲバ（地元ではそう呼ばれている）の出現は、傍から見ていて非常に唐突なものに感じられた。しかも彼らは、先ごろJリーグ百年構想クラブの認定を受け、さらに宮崎市に隣接する新富町にフットボール専用の新スタジアムを作る計画まであるという。九州最後の「Jクラブの空白地」は、ここに来て急激に変化しているように感じられる。

今回、8年ぶりに宮崎でのJFL取材を思い立つ契機となったのが、5月19日に開催される宮崎ダービーである。だが試合以上に気になっていたのが、ホンダロックSCとテゲバジャーロ宮崎という、まったく立ち位置が異なる両者の現在地であった。

宮崎県は、47都道府県では14番目の総面積を誇り、日本最大の「Jクラブの空白地」でもある。県北、県央、県西、県南の4つの地域に分かれ、人口が最も多い（約40万人）宮崎市は県央、旭化成の企業城下町として知られる延岡市は県北に位置している。

宮崎といえば、昭和の時代なら「新婚旅行」、そして現代ならば「キャンプ地」としてのイメージが強い。プロ野球の読売巨人軍が、当地でのキャンプをスタートさせたのは、今からちょうど60年前の1959年。長嶋茂雄が入団2年目の早春である。平成時代になってからは、宮崎を訪れるJクラブも増加。今年はJ1が5クラブ、J2が10クラブ、J3が1クラブ（セレッソ大阪U－23）、そして韓国から蔚山現代FCがキャンプを張っている。

「宮崎のキャンプ地文化って、かなり独特だと思いますよ。だって巨人やソフトバンクが優勝したら、こっちでもパレードをやりますからね。前の監督の石さんも驚いていました（笑）」

そう語るのは、テゲバの創設者であり、GMを務める柳田和洋である。宮崎のフットボールを理解するには、当地特有のキャンプ地文化から理解する必要がある。続きを聞こう。

「こっちの人間は、巨人のオープン戦とか、Jクラブのトレーニングマッチとか、ずっと無料で見ているわけですよ。ですから、お金を払ってプロスポーツを見る文化や習慣がないんですね。それから行政も、次の年のキャンプを重視していますから、市内の競技施設は10月以降、使えなかったりします。2年前に（ＪＦＬ）昇格が決まった時は、すでに11月の終わりでしたから、ホームゲームの会場を押さえるのが本当に大変だったんですよ」

結局、ＪＦＬ1年目の18年シーズンは、宮崎市、延岡市、小林市、串間市、都農町の5会場でホームゲームを開催。宮崎市内では、わずか3試合しか行われなかった。

ホームスタジアムが定まらなければ、客足が鈍るのは当然の帰結。最も観客数が多かったのが、都農で行われたホンダロック戦で831人。最も客入りが悪かったのが、延岡でのヴェルスパ大分戦と都農でのＭＩＯびわこ滋賀戦で、いずれも203人。ホームゲーム15試合の合計は6026人で、1試合平均は400人ちょっと。Ｊ3への昇格の条件のひとつが「1試合平均入場者数2000人以上」であるが、これでは遠く及ばない。

「申し訳ありませんが、すべてが足りないと思います。（平均）観客数が500人にも満たないのに『プロ』というのは、いかがなものか」

今年2月6日、テゲバのＪリーグ百年構想クラブ認定に向けたヒアリングのため、木村正明専務理事を筆頭とするＪリーグの視察団が宮崎を訪れている。この時、木村はかように厳しい指摘をして、関係者は肝を冷やすこととなった。

ところが同月19日の理事会において、テゲバはラインメール青森とともに、晴れて百年構想クラブへの入会が認められる。果たして、木村の「いかがなものか」とは何だったのか。

「あそこにフェニックスの木、あるでしょ？　あれは宮崎でも最も有名な木で、台風が上陸すると必ずＮＨＫの中継映像で抜かれるんですよ」

試合会場に向かう車を待つ間、そう解説してくれたのは、ホンダロックＳＣのサポーターにして日本サッカーの革命家、ロック総統である。その日、ホンダロックとテゲバによる宮崎ダービーが、宮崎市生目の杜運動公園陸上競技場（通称、市陸）で開催されることになっていた。総統は「義勇軍（共に応援してくれる他クラブのサポーター）」を募るツアーを呼びかけており、私もそれに乗っかることにした。

この日の天候は雨。しかも当地では珍しく、ずっと残念な空模様が続いている。やがて、サポーター仲間の車が到着。助手席に乗り込んだ総統は、すぐさま宮崎弁モードに切り替わる。余談ながら、テゲバジャーロの語源になっている「てげ」は「すごい」という意味があるが、これが「てげてげ」になると「まあまあ」という意味になるそうだ。

20分ほどのドライブで、試合会場の市陸に到着。サポーターの数は、「義勇軍」を加えたホームのホンダロックが、若干優勢のように見える。この日の入場者数は８３７人。ダービーにしては少し寂しい数字だが、企業チームのホームゲームで、しかも雨天であることを考えたら、かなり頑張ったと言えるだろう。

キックオフ30分前、いつものようにロック総統が相手サポーターへの「乱入」を開始。ＪＦ

Lの風物詩ということで、地元放送局もしっかり待機していた。

「いいか、宮崎では他所みたいに殺伐としたダービーはやらないぞ！ 今日は引き分けだ！」

そう訓示を残すと、薄いブーイングに包まれながら、総統は悠然とホンダロックの応援席に引き上げていった。

キックオフは13時。試合が始まると同時に、それまで小康状態だった雨がいきなり本降りとなった。市陸は最近、改装されたばかりと聞いていたが、ここのピッチは恐ろしく水はけが悪く、グラウンダーのパスはまず通らない。さまざまな局面で蹴り合いサッカーとなり、そのたびに派手な水しぶきが上がる。これではまるで水球だ。

試合は30分、ホンダロック1年目の安藤翼が先制点。しかしテゲバも58分に石田皓大が同点ゴールを決めて、1対1のドローに終わった。

両軍の応援が実にフェアだったことも含め、まさに総統の予想どおりの結果。当然、殺伐とした雰囲気はない。そもそも宮崎ダービーに、明確な対立の要素は皆無。地理的には同じ宮崎市のクラブだし、歴史的な因縁もない。

そんな両者をつないでいるのは、宮崎サッカー界の人事往来である。テゲバの倉石圭二監督は、現役時代はホンダロックでプレーし、高校での指導者を経て、昨シーズン途中に監督に就任。一方、ホンダロックの白川伸也監督は、アビスパ福岡からプロフェソール宮崎FC（のちサン宮崎FC）を経てホンダロックの社員選手となり、今季からチームを率いている。

余談ながら、サン宮崎FCは、07年にエストレーラ宮崎FCと改称するも10年に解散。行き場を失った選手の受け皿となったのが、テゲバの前身であるMSU FCであった。してみるとホンダロックとテゲバは、ダービーの対立関係というよりも、むしろ「Jクラブの空白地」宮崎において、お互いを補完する関係にあると言えるのかもしれない。

ダービー翌日の月曜日、ロック総統のツアー2日目に同行することにした。

この日のコースは実に豪華。まず、宮崎市に隣接する新富町にて、来シーズンにオープン予定のテゲバジャーロ宮崎の新スタジアム建設予定地を視察。その後、ホンダロックSCの選手が働いている工場を見学するというもの。宮崎のサッカー界に顔が利く、総統だからこそ実現した、JFLファン垂涎のツアー内容である。

その日は午前9時に、宮崎駅前のレンタカー屋に集合。右手に海を眺めながら車は北上する。途中、フェニックス・シーガイア・リゾートが見えると、総統の絶妙なガイドが入る。

「ここは、第三セクターでは過去最大となる3261億円もの負債総額を出して、外資に買われていきました。何事も計画通りにいかない、まさに宮崎クオリティの極みでございます」

車中が乾いた笑いに包まれる。テゲバの新スタジアムは、大丈夫だろうか。

やがて目的地に到着すると、クラブの広報スタッフと新富町役場の担当者が、われわれの到着を待ち構えていた。役場の担当者は、わざわざテゲバのTシャツを着ている。案内されたのは、県道に面した広大な更地。新富町が確保したこの土地に、新スタジアムとフットボールパークを建設するという。最寄り駅はJR日向新富町駅で、徒歩10分の距離感だ。

人口およそ1万6000人の新富町には、航空自衛隊新田原基地があり、訓練中は凄まじい爆音が周囲に響き渡る。そのため自治体には、防衛省から補助金が下りるわけだが、その一部がフットボールパークの建設に充てられるそうだ。完成すれば、県のサッカー協会もこちらに移転し、プロの興行とアマチュアの大会が開催される、宮崎サッカーの一大拠点となる。

一方、新スタジアムについては、まずJ3基準の5000人収容の球技専用スタジアムとしてオープン。その後はカテゴリーが上がるのに合わせて拡張工事を行い、最終的にはJ1基準の1万5000人以上が収容できる規模まで想定しているという。建設費用はクラブ側が調達し、完成後は町に寄付して、公共施設としてクラブと共に運営・管理していくという。

ここまで読んで、お気付きになった読者もいるかもしれない。土地は自治体から無償提供してもらい、上モノはクラブが建設するというのは、FC今治のありがとうサービス．夢スタジアムの方式である。そして完成したスタジアムを自治体に寄付し、自治体から指定管理者を委任されて運営・管理を行うのは、ガンバ大阪のパナソニックスタジアム吹田の方式だ。テゲバの新スタジアムは、夢スタ方式と吹田方式のハイブリッドなのである。

実は宮崎県では、2026年に国体が開催されることが決まっている。テゲバの発想が素晴らしいのは、国体のために作られるスタジアムを当てにするのではなく、最初から「プロの興行」

を目的とした専用スタジアムを目指したことだ。そうした発想力と行動力によって、新スタジアム建設が具体化したことが、百年構想クラブ承認の後押しとなったのかもしれない。

続いて訪れたのは、株式会社ホンダロック。1962年、本田技研の100%子会社の自動車部品メーカーとして設立された。資本金21億5043万円、社員数は954人(18年4月時点)。主な製品は、キー、ミラー、セキュリティシステムである。

周知のとおり、本田技研は静岡県浜松市にルーツを持つ企業である。その子会社がなぜ、宮崎にあるのか。実は工場建設にあたっては、宮崎のほかに函館も候補地に上がっていた。あえて、大きな地域産業がなかった宮崎を選んだのは、創業者の本田宗一郎である。「宮崎に近代工業が栄えないわけがない。われわれは勇気を持って、近代工業をこの地に興す。宮崎に見事な機械工業が花咲いて、今後次々と立派な企業が進出してくることを期待する」

かような決断がなかったら、この地にホンダロックは生まれなかっただろうし、全国リーグを戦う企業チームもまた、存在し得なかったはずだ。観光やキャンプ地だけではない、近代工業の息吹を当地に根付かせた本田宗一郎の貢献は、もっと広く知られるべきであろう。

工場見学の間、ロック総統は白いツナギ姿の選手から何度も声をかけられ、そのたびにガッチリ握手。そして時おり「この音、この匂い、懐かしいなあ」と感慨にふける。

実は総統は、同社の広瀬工場で2年3カ月の間、正社員として勤務していた。理由は「もちろんホンダロックを応援するため」である。所属していたのは、塗装課とマグネシウム鋳造課。特に塗装課での仕事は、「室温40度で湿度80%の中、立ったり座ったりの作業は大変でしたね」と述懐する。そうした実体験があるからこそ、働きながらサッカーを続ける選手たちに、強いシンパシーとリスペクトが芽生えるのだろう。

企業チームにおける、仕事とサッカーとの「ライフワークバランス」は、それこそ企業によってさまざま。ホンダロックの場合、選手だからといって仕事面で特段に優遇されるわけではない。「プロになってサッカーを極めたい」と考える社員選手が出てくるのも当然である。

「オファーがあれば(プロクラブに)行かせるというのがウチの基本です。長崎に行った前田悠佑は、その成功例と言えるでしょうね」

そう語るのは、ホンダロックSCの白川伸也監督である。彼が言及した前田は、九州リーグ時代の07年にホンダロックに加入(=入社)。08年のJFL昇格に貢献すると、12年にJFL時代のV・ファーレン長崎に移籍してプロ選手となる。そして13年にはJ2、18年にはJ1でのプレーを経験して現役を引退。今は長崎で普及インストラクターに従事している。

前田以外にも、ホンダロックを飛び出してプロになった選手は少なくない。先のダービーで対戦した、テゲバのGK石井健太やFWの水永翔馬も、実はホンダロックのOBだ。

もっとも現役選手に話を聞くと、社員選手としての矜持のようなものも感じられる。キャプテンの玉城嵐士は、胸を張ってこう語る。

「全員が働いていて、試合にどれだけ懸けているか。JFLではウチが一番だという自負がありますね」

工場見学を終えると、社員食堂でランチをご馳走になり、さらには選手とスタッフ全員がわれわれを見送ってくれた。彼らが着用している白いツナギは、本田グループでは「技術者の正装」とされる。職場での真摯な姿勢、そして客人への温かいもてなし。それらを見るにつけ、ホンダロックSCという企業チームにも、Jクラブとは違ったプロフェッショナリズムが根付いていることに気付かされる。


宮崎取材最終日、ようやく当地らしい青空が広がった。東京に戻る便は夕方なので、テゲバジャーロ宮崎の発祥の地である、門川町を訪れることにした。

とりあえず、宮崎駅近くにあるスポーツプラザ宮崎に荷物を預ける。店内には、宮崎キャンプに訪れる、プロ野球の球団やJクラブのグッズが所狭しと飾られてあった。最も大きなスペースが確保されていたのは、やはり巨人で、長嶋茂雄のサイン入りバットも展示されている。「長嶋さんが亡くなったら、巨人の宮崎キャンプがなくなるかもしれない」と本気で危惧している、宮崎県民は少なからずいるらしい。真偽の程はともかく、長嶋と宮崎との、分かち難い関係性が伝わってくる話ではないか。

宮崎から門川までは、JR日豊本線に乗って1時間17分。到着してみると予想通り、あっけらかんとした鄙びた風景が広がる。

人口およそ1万8000人の漁師町に、門川クラブという少年サッカーチームが誕生したのは、1965年のこと。これが、テゲバジャーロ宮崎のルーツである。ちなみにGMの柳田和洋も、現監督の倉石圭二も、10番を付けている水永翔馬も、いずれも門川町の出身。ただし、それほどサッカーが盛んな地域だったというわけではないという。

門川クラブの転機となったのは、柳田が地元に戻り、古巣のOBチームに選手兼任の監督に就任した2000年である。最初は純然たる草サッカーチームだったが、03年に県1部に昇格し、08年と09年には県1部で連覇を達成。09年には、拠点を門川町から宮崎市に移し、クラブをNPO法人化する。

翌10年に九州リーグに昇格し、1シーズンだけ県リーグに降格するも、すぐに再昇格。そして15年、クラブ名をテゲバジャーロ宮崎と改め、J3昇格を目指すことを宣言すると共に、クラブも株式会社となった。

その後、テゲバは17年に「昇格請負人」で知られる石崎信弘を指揮官に迎え、森島康仁や高地系治といった元Jリーガーを補強。このあたりから、テゲバは「宮崎からJを目指すクラブ」として注目を集めるようになる。

同年の地域CLで準優勝してJFL昇格を決め、18年から全国リーグで宮崎ダービーが実現したのは、すでに述べたとおり。唐突に出現した感のあるテゲバだが、実は半世紀以上も昔、小さな港町で誕生していたという事実は、あらためて強調しておきたい。

現在、門川町にテゲバの痕跡を見出すことは難しい。倉石監督の母親が経営している『一六八《いろは》会館』という定食屋を訪れてみると、監督にそっくりな母親に歓待されて、メニューにはない刺身定食をご馳走していただいた。テゲバの前身が県1部時代、初めてのスポンサーになったそうで、店内にはクラブのポスターも貼ってある。当時の話を聞こうと思ったが、昼時で店が忙しくなってきたので遠慮することにした。

宮崎での旅も、そろそろ終わりだ。思えば滞在中、取材先でさまざまなもてなしを受けた。この地が長嶋茂雄と本田宗一郎に愛された理由が、少しだけ理解できたような気がする。全国リーグでのダービー。来年に完成予定の専用スタジアム。そしてバリエーション豊かな郷土料理ともてなしの心。日本最大の「Jクラブ空白県」は、実のところ、多くのポテンシャルを持った土地でもあった。

果たして宮崎に、プロスポーツを観る文化は根付いていくのだろうか。それを確認するべく、いずれまた、この地を再訪することにしたい。


［付記］2020年5月15日、テゲバジャーロ宮崎はコロナ禍による経済環境の急変を理由に、新スタジアム工事の中断を発表した。

# 第10章
# なぜ「71番目のクラブ」は注目されるのか？

鈴鹿アンリミテッドFC

——2019年・水無月

Jリーグ以下のカテゴリーの取材を続けていると、時おり面食らうような競技施設と出くわすことがある。三重県鈴鹿市にある、AGF鈴鹿陸上競技場も、まさにその典型例であった。

1450人収容の小ぢんまりとしたスタジアムは、会見場もメディアの控室もなく、撮影機材も屋外に設置されたベンチに置くしかない。屋根もないので、雨が降らないことを願うばかり。空はどんよりと曇っている。

「鈴鹿路は緑たのしや　拓けゆく工都の姿　さわやかに風はなびきて　鈴鹿の空は今日も微笑む」

試合前、鈴鹿アンリミテッドFCのサポーターが、鈴鹿市民歌『鈴鹿の空は微笑む』を唱和する。鈴鹿といえば、日本グランプリをはじめとする「モータースポーツの街」というイメージが強いが、こんな牧歌的な市民歌があったことに小さな感動を覚える。そしてピッチ上では、バイキングクラップのような手拍子をしながら、サポーターを盛り上げている男の姿。

かつて「昇格請負人」の異名で、サポートクラブを超えて愛された、岡山一成である。

1996年に横浜マリノスに入団して以来、10のクラブを渡り歩き、最後は2017年にJFLの奈良クラブを退団。その後しばらく、岡山一成の名前が噂に上ることはなかった。それが今年になって、同じJFLの鈴鹿でヘッドコーチに就任したことが発表され、私は「おやおや」と思ったものだ。

ここ10年くらい、岡山の動向を観察していると、彼が移籍を決断する理由は「お世話になった人がおるから」あるいは「このクラブおもろい！」のどちらかであることに気付く。鈴鹿の場合、間違いなく後者だろう。本人に確認してみると、前所属の奈良と比較しながら、こう説明してくれた。

「奈良もおもろいクラブでしたけど、鈴鹿は真逆のコンセプトがおもろいなと思ったんですよね。奈良の場合、わかりやすく言えば『みんなで夢を見ましょう』ということ。僕もそこに共感したから、『奈良劇場総支配人』という肩書きで5年間やらせてもらいましたし、その間にJFL昇格という夢も実現できました。でも鈴鹿の場合『夢も大事だけど、お金も大事だよね』というのがあるんですよ」

今年の鈴鹿のポスターのキャッチコピーは《スポーツの仕事は、食えなくたっていい……んなわけあるかーい。》であった。要するにクラブとして、選手やスタッフへの「やりがい搾取」を否定しているのである。

「実際、鈴鹿では地域リーグ時代から、選手に勝利給を出していたんですよね。これはおもろいクラブやなって思いました」

実は岡山は、奈良との契約が切れた昨年にも、鈴鹿からオファーをもらっていた。当時はまだ東海リーグ1部。当人が地域CL（全国地域サッカーチャンピオンズリーグ）の厳しさを痛いほど知っていたこともあり、この時のオファーは固辞している。ところが、今オフになると一転して、岡山は鈴鹿で働くことを熱望する。

単にクラブが、JFLに昇格したからではない。新監督にスペイン人のミラグロス・マルティネス・ドミンゲス、愛称ミラが監督に就任したことが大きかった。単なる外国人指導者ではない。33歳の若さで、UEFAプロライセンスを取得した女性監督。日本の全国リーグで、女性指導者がチームを率いるのは、これが初めてのケースである。

「僕、ミラ監督の就任会見に行っているんです。その時に彼女は、鈴鹿に来ることを『迷うことなく決めた』って言ったんですね。勢いってすごいなと思いつつ、自分にもかつてあった勢いを取り戻したいと感じるようになって、そこからすべてが動き始めましたね。鈴鹿だったら、日本で初めての女性監督と仕事ができるわけですよ。まずクラブの試みがおもろいと思うし、それが成功するかどうかに関われることに、すごくやりがいも感じています」

鈴鹿市がある三重県は、紀伊半島から伊勢湾までをカバーする縦長の地形であり、県庁所在地の津市の他にも、工業地帯として知られる四日市市や伊勢神宮がある伊勢市などを擁する。

高校サッカーで言えば、四日市中央工業高校を筆頭に、津工業高校、海星高校、三重高校などが強豪として有名。プロ選手も数多く輩出し、日本代表経験者でいえば小倉隆史や中西永輔、現役選手では金崎夢生、山口蛍、浅野拓磨が三重県出身である。

どちらかと言えば「サッカーが盛んな県」として知られる三重だが、トップリーグで活躍しているのは、なでしこリーグの伊賀フットボールクラブくノ一のみ。２０１７年にヴィアティン三重が、そして19年に鈴鹿がＪＦＬ昇格を果たすも、どちらも「三重県初のＪクラブ」となるには決め手を欠いている。さらに東海リーグにはＦＣ．ＩＳＥ－ＳＨＩＭＡが、そして県リーグではＴＳＶ１９７３四日市が、それぞれ「将来のＪリーグ入り」を目指す、まさに群雄割拠の状況が続いていた。

そんな三重県にあって、人口規模で県内３番目（約20万人）、モータースポーツの街として知られる鈴鹿市をホームタウンとするクラブが、最も早い段階から「将来のＪリーグ入り」を表明していたのは興味深い。もっとも、このクラブのルーツは北勢地方の鈴鹿市ではなく、伊賀地方の名張市。三重ＦＣランポーレという東海２部のクラブが、鈴鹿クラブと合併して09年から本拠地を移転し、クラブ名をＦＣ鈴鹿ランポーレに、法人名も『三重からＪリーグのチームを創る会』と改めたのが始まりである。

名張時代を知る、元選手に話を聞くことができた。榊親平は、08年から18年までＤＦとしてプレー。かつてのバンディエラは、クラブ移転の理由をこのように説明する。

Unlimited
月成 1
DAIKI
原 2
HIROKI
キローラン 4
COLIN
芦田 22
NARUTOSHI
野口 34
RYOTA
藤田 6
KOHEI
小西 8
YOHEI
佐藤 18
KAZUMA
和田 25
ATSUKI
エフライン 7
遠藤 13
JUNKI
Jinline Co.,Ltd
Jintech Co.,Ltd.
SAFETY × QUALITY × TRUST

お嬢様聖水
植物発酵エナジードリンク
炭酸飲料

監督のミラグロス・マルティネス・
ドミンゲス（左）と通訳の小澤哲也

「もともとクラブを立ち上げた人が、名張出身だったみたいです。でも、名張にはグラウンドがないし、スポンサーになってくれそうな企業もない。だったら、鈴鹿のほうがいいんじゃないかって話だったと思います。ただし移転後も、どこまで本気で上を目指していたかというと、いろいろなことが足りていなかったですね」

ランポーレ時代からの最古参のサポーター、中西芳章にも話を聞いた。当初、物見遊山で試合を見ていた彼が「本気で応援しなければ」と思い知らされたのが、09年に千葉県で開催された全社（全国社会人サッカー選手権大会）であったという。

「ウチは初戦で新日鐵大分に負けたんですけど、最も衝撃的だったのが、この大会で優勝した松本山雅FCでしたね。サポーターの数に、まず圧倒されました。こっちは後輩を騙して旗を持たせていましたが（笑）、基本的にひとりサポーター。ウチの応援が、すごくみすぼらしく感じられたのが、あの大会でした。やっぱり、応援は数が大事。ひとりで熱くサポートするよりも、100人で声を出したほうが絶対にいい。それからですね。駅前でチラシを配ったり、ブログで発信したりして、一生懸命に仲間を集めるようになったのは」

その後、鈴鹿は10年に東海1部に昇格。しかし、そこから9シーズンも同じカテゴリーに留まることになるとは、榊も中西も思いもよらなかったことだろう。その間、鈴鹿は東海1部を4回制するものの、そのうち3回はいずれもJFL昇格の夢を絶たれた。

転機が訪れたのは、FC刈谷に優勝と地域決勝の出場権を譲り、全社予選にも敗れてしまった15年の10月。東京の広告代理店、株式会社スポプレがランポーレの経営権を獲得し、ひとりの男が鈴鹿に送り込まれる（正確に言えば「里帰りする」ということになろうか）。

「出身は鈴鹿市の隣の亀山市です。まあ、ほとんど『地元』ですね（笑）」

そう語るのは、株式会社アンリミテッドの常務取締役、吉田雅一、37歳である。肩書きに重みが感じられるが、当人は長身の親しげな「お兄さん」といった風情。とはいえ、15年以降の鈴鹿の変化は、この男の存在なしにはあり得なかった。

実は岡山一成にオファーしたのも、そしてスペインからミラを招聘したのも、さらにはFCランポーレ鈴鹿から鈴鹿アンリミテッドFCにクラブ名を変更したのも、すべて吉田が考えて実行してきたことだ。

「一般公募をして、16年の1月に『アンリミテッド』を発表しました。『限界がない』という意味です。もともとランポーレという名前も、名張に縁がある江戸川乱歩が由来なんですが、今は鈴鹿ですからね。もっともアンリミテッドも、最初は『言いにくい』と好評ではなかったんですが（苦笑）」

そう屈託のない笑顔を見せる、吉田の前職は商社マン。丸紅でアパレル関連の仕事をしていたという。仕事そのものにはやりがいを感じていたが、一方で「いつかはスポーツの仕事で故郷に貢献したい」との思いもあった。

原体験としてのイメージは、小学6年の時に開幕したJリーグ。オリジナル10のひとつ、名古屋グランパスエイトが、開幕当初は三重県でも試合を行っていた。『地元にもチームがあるといいな』と、漠然と子供心に感じていたという。

三つ子の魂百まで。長じて商社に勤めることになった吉田が、転職サイトでスポプレの求人を見た時「これだ！」と思ったという。収入が減ることも、東京を離れることも意に介さなかった。1年目は東京から行き来していたが、2年目には鈴鹿に定住し、地元企業へのスポンサー回りを本格化させている。

「前の体制を否定するつもりはありませんが、とにかくそれまで資金が足りなさすぎた。それでスポンサー営業を始めたわけですが、最初は『東京のよくわからない会社に買収された』というネガティブなイメージがつきまとっていましたね。ですから、まず自分は地元の人間であること、そして地元のために一生懸命であることを伝えて、不信感を払拭するところからのスタートでした」

吉田が鈴鹿にやって来て、オン・ザ・ピッチにも変化が現れた。鈴鹿アンリミテッドFCと改称した16年、クラブは全社枠から地域CLの出場権を獲得。初めて1次ラウンドを突破した。初戦のFC今治には1対2で敗れたものの、続く三菱水島FCには3対0で快勝。そしてJFL昇格を懸けた3戦目の相手は、同じ三重県からやはり全社を勝ち上がってきた、ヴィアティン三重である。中心選手だった小澤司は、当時をこう回想する。

「ヴィアティンとはこの年、リーグ戦2試合と全社予選、そして天皇杯予選を戦っていて、4回とも勝っていたんですよ。決勝ラウンドでも、序盤で先制することもできました。ところが、そこから受け身に回ってしまって、バタバタと4失点してしまって……。最後の最後で、こんな負け方をするのかと。あの時の喪失感はデカかったですね」

かくして、JFL昇格の夢を土壇場で絶たれ、ライバルの三重に先を越されるという悲哀も味わいながら、鈴鹿の16年は終わる。主力選手はことごとく引き抜かれ、小澤も17年にはFC今治に、さらにはヴィアティン三重にプレーの場を求めた。しかし、18年には鈴鹿に復帰。

「形としては、吉田さんからのオファーでした。ただ自分としては、16年に上げられなかった悔しさはありましたし、気が付けば鈴鹿の街やクラブにも愛着を感じるようになっていました。この年の地域CLも、決勝ラウンドに進出しましたが『同じ失敗はしない』という確信はありましたね。実際、第2戦で昇格を決めることができました。その日のうちに、ビールかけならぬ聖水かけでしたよ(笑)」

「聖水」とは何か。それはクラブのメインスポンサーとして、16年からユニフォームの背中を、そして現在は胸を飾っている『お嬢様聖水』のことである。女性向けの美容エナジードリンクとして15年に発売。鈴鹿のJFL昇格が決まった日には、一箱30本の20ケースが提供され、盛大な聖水かけで喜びを分かち合った。

その奇抜なネーミングゆえに、16年の時点で一気に周知された『お嬢様聖水』。そして、鈴鹿アンリミテッドFCという新名称も、地域リーグファンの間で記憶に刻まれることとなった。結果として、このようなパワーワードを持つスポンサーがついたことは、クラブにとってまさに僥倖であったと言えよう。

そもそも『お嬢様聖水』との出会いもまた、実に劇的な偶然によるものであった。クラブ社長の山岡竜二が、たまたま東京メトロの車両で吊り広告を目撃。調べてみたら、何と製造元の会社は鈴鹿にあるではないか。すぐさま吉田がノーアポで営業。地元サッカークラブの突然の来訪に、会社側も最初は面食らったという。以下、担当者の談話。

「東京メトロの売店で、働く女性をターゲットに販売していたんです。ところが蓋を開けてみると、お買い上げになる方は圧倒的に男性が多かったんですね。そんな時に、吉田さんや山岡さんが熱心に営業に来てくださったんです。最後は『注目されないと何も始まらないですよ』という吉田さんの言葉に共感して、スポンサーをさせていただくことになりました」

実は『お嬢様聖水』のロゴが入ることについては、当時の選手やサポーターの間から少なからぬ抵抗があった。とはいえ、大事なスポンサーなのだから、文句を言うわけもいかない。結果的に「サッカー×お嬢様」は、当事者たちの予想を超えてバズりまくることとなった。

16年の全社や地域CLでは「鈴鹿といえばお嬢様」というイメージが定着。クラブスタッフの車も、商品のイラストをラッピングしたものに替えたところ、SNSで一気に拡散された。

やがて『お嬢様聖水』の名は、鈴鹿サポーター以外のサッカーファンにも知れ渡るようになり、「遠征先のドライブインでもよく買ってくださいます」(担当者)という状況になった。

鈴鹿と『お嬢様聖水』との幸福な関係は、多分に偶発性を伴ったものであった。ここで注目したいのが、地域リーグ時代からクラブが積極的に進めてきたSNS戦略。その目的は「目立つこと」と「オープンにすること」だと吉田は力説する。

「ウチはJ1から数えたら、71番目のクラブです。上に70もクラブがある以上、やっぱり他所がやらないことをどんどんやるほかない。ですから、バズることはどんどん発信する。それともうひとつ、SNSを使うことで、クラブの内情をできるだけオープンにしています。勝利給の金額も出していますし、不祥事があった時もすぐに皆さんにお伝えしました」

もちろん、ステークホルダーとの信頼関係もあるだろう。しかし同時に、「71番目のクラブだからこそ」という思いがあったことも容易に想像できる。

JFLクラブとなった鈴鹿が、このタイミングでスペインから女性指導者を招聘したのも、そうした前のめりの姿勢ゆえのことであった。

ヨーロッパで活躍する、日本人女性指導者の草分けであり、今はスペインのビジャレアルCFの育成部に籍を置く佐伯夕利子。彼女がフェイスブック経由で、吉田から「海外の女性指導者を探している」と相談を受けたのは、18年12月のことであった。すぐに思い当たったのが、女子チームの指導をしていた時、ライバルチームを率いていたミラであった。

「彼女なら、条件に合致すると思いました。まず、海外で指導できるライセンスを持っていたこと。異なる文化にも対応できる人間力。そしてオープンマインドであること。ミラさんに連絡したら、とても前向きでした」

18年の地域CLでJFL昇格が決まると、それまでチームを率いていた辛島啓珠が勇退。新監督を迎えるにあたり、吉田は最初から「次は女性監督で」と心に決めていたという。

「実は鈴鹿は市長をはじめ、教育庁や商工会議所のトップも、みんな女性なんですね。だったら、鈴鹿のサッカーチームを女性監督が率いるのも、ありなんじゃないか。もちろん、話題性というのは考えました。その一方で、UEFAプロライセンスを持っている男性だったら、われわれの限られた予算では来てくれなかったでしょう。そういった事情もありました」

佐伯を通じて、ミラとの直接交渉が始まる。クラブ予算が限られているため、吉田はスペインに飛ぶことなく、すべてメールで契約内容を詰めた。そして年が明けた1月14日、セントレア空港で初めて両者は対面。「とても明るい人なので、すぐに不安は消えましたね」と吉田。

一方のミラは、初めて訪れた日本のサッカーに、どんな印象を抱いたのだろうか。

「日本人には、乾貴士や柴崎岳のように、技術が高いというイメージがありました。JFLでも、一定のレベルの高さは感じましたね。『日本だから』と意識することはないです。選手の特徴を引き出しながら、より多くの選択肢を提示して、彼らに選ばせるようにしています。女性であること？　それもあまり意識しないですね。サッカーの話をしていれば、国や男女の違いは関係ないですから（笑）」

傍らで通訳を務める小澤哲也も、こう補足する。

「少なくともクラブ内では、彼女のことを『女性監督』とは見ていないですね。ひとりのプロフェッショナルな監督として接しています。ミーティングでは、先週の試合のエラーに関する指摘が的確だし、それを改善するための練習メニューもすごく豊富で効果的なんです。戦術解析のビデオ編集も、スタッフがいないので彼女自身がやっています。僕もそばにいて、いろいろ学ぶことばかりですね」

ヘッドコーチの岡山同様、通訳の小澤もまた、ミラの監督就任で人生を劇的に変えたひとりである。スペイン5部でプレーをしたのち、一度はサッカーから足を洗って故郷の静岡で保険の外交員をしていたが、通訳に採用されてからは家族を残して今は単身赴任の身だ。

鈴鹿で始まった壮大な実験は、多くの話題性を呼び、さまざまな人材を巻き込みながら、さらなる広がりを予感させる。もっともミラを推薦した佐伯は、こんな鋭い指摘を忘れない。

「私も16年前、スペイン3部の男子チームの監督になった時に、同じ経験をしているんですよね。やっぱり女性だと、物珍しさから話題になってしまう。私もミラさんも『話題にならない』時代が来たら、サッカー界は大きな一歩を踏み出したと喜べるのではないでしょうか」

正直なところ、鈴鹿アンリミテッドＦＣがＪクラブとなるには、スタジアムをはじめ解決すべき課題が多すぎるように感じられる。その一方で、たとえJクラブでなくとも、注目を集めることが可能であることを、このクラブが身をもって実証していることは留意すべきだ。

もちろん、女性監督が「話題にならない」時代の到来を期待したいところだが、今はそのプロセスをリアルタイムで注視することとしたい。そして「お嬢様」や「女性監督」に続く、新たなパワーワードについても――。

鈴鹿アンリミテッドFCという「71番目のクラブ」は、今後もしばらくの間、われわれサッカーファンを驚かせる存在であり続けることだろう。

［付記］鈴鹿アンリミテッドFCは、ポイントサイト『アメフリ』を運営する株式会社エムフロとの間で、ネーミングスポンサー契約を締結。２０２０年2月1日、クラブ名を鈴鹿ポイントゲッターズに変更した。

# 第11章

# 北信越の「Fの悲劇」はなぜ回避されたのか？

福井ユナイテッドFC

——2019年・文月

先制ゴールが決まったのは15分だった。木村健佑の左からの低いクロスに、背番号10を付けたFWの山田雄太がニアで合わせてネットを揺らす。

その2分後、木村の左CKから、山田が今度は頭で合わせて2点目。さらに26分にも木村↓山田のホットラインで3点目が生まれる。わずか26分でのハットトリックを目撃したのは、いつ以来だろうか。

2019年7月28日、テクノポート福井スタジアムで開催された北信越フットボールリーグ1部第9節、カードは福井ユナイテッドFC対FC上田ジェンシャンである。順位表を見ると、8チームで構成された北信越リーグで抜きん出ているのが、福井とアルティスタ浅間で、前節まで共に勝ち点22。前日に浅間は最下位の'05加茂FCに3対0で勝利しているので、福井は絶対にこの試合を落とすわけにはいかなかった。

その後も福井は、無慈悲なまでにゴールを重ねてゆく。33分に御宿貴之、36分と38分に蔵田岬平、そして39分に山田が4点目。前半だけで7対0という圧倒的なスコアとなった。

ハーフタイム、ジリジリと照りつける夏の日差しを感じながら、撮影ポイントを福井のゴール裏に移動する。古株のサポーターが、応援チャントの説明をしているのが背後で聞こえた。「まず女性が『レッツゴー福井！ レッツゴー福井！』。そのあと男性が『ユナイテッド！ ユナイテッド！』。じゃあ、やってみましょうか！」

実は去年の地域CL（全国地域サッカーチャンピオンズリーグ）まで、このチャントは「ユナイテッド！」ではなく「サウルコス！」であった。地域リーグファンにはお馴染みのサウルコス福井は、今年になって運営会社が変わり、福井ユナイテッドFCと改称。クラブカラーもまた、それまでのグリーンからブルーへと変更された。

なぜ福井からJリーグを目指すクラブは、まるでそれまでの歴史を打ち消すかのように、クラブ名もクラブカラーも一変させてしまったのか——。この疑問こそが、私が11年ぶりに北信越リーグを取材することになった、一番の理由であった。

たとえばホームタウンの広域化、あるいはクラブ同士の合併や商標権の問題から、クラブ名が変更されることはこれまでにもあった。クラブカラーが変更されるケースもあった。しかし、これらは頻繁に起こることではない。ましてや、クラブ名とクラブカラーが同時に変わるのは、かなりのレアケースと言ってよい。Jリーグ開幕以降では、1999年のブランメル仙台（グリーン）からベガルタ仙台（ゴールド）への事例があるのみだ。

クラブ名にしてもクラブカラーにしても、そもそも当事者たちにとっては極めて大切なアイデンティティだ。クラブ側の判断で勝手に変えられたら、間違いなくサポーターは黙ってはいない。ところが福井のゴール裏は、全員がお揃いの真新しいブルーのレプリカを着用。選手の名前が書かれた横断幕も、すべてグリーンからブルーに替えられていた。

生まれ変わった福井は、後半もゴールネットを揺らし続ける。終わってみれば11対0の大勝。山田は84分にも1点を挙げ、今季9試合で22得点とした。サウルコス福井の松尾篤が17年に記録した、リーグ最多の25得点を抜くのは時間の問題だろう。チームも首位をキープ。浅間とは同勝ち点だが、得失点差で21点も引き離している。

2強によるデッドヒートは、おそらく最終節の直接対決まで続くはずだ。その行方も気になるところだが、それ以上に私が関心を寄せていたのが、サウルコスが影も形もなくなっていた理由である。限られた滞在期間で、果たしてどれだけその謎に迫ることができるだろうか。

日本海と若狭湾に面した、人口およそ77万人の福井県は、地味なイメージが拭えない県である。石川、岐阜、滋賀、京都の4府県と隣接していて、北陸なのか中部なのか関西なのか、その区分けが難しいのも一因だろう。サッカーの世界では北信越に属するが、ワールドカップ開催地となった新潟、あるいはJの2クラブがある長野などと比べると、やはり地味である。

そんな福井が全国に、いや世界に誇るのが恐竜である。とりわけ勝山市では、5種類の新種の化石が発掘され、「世界三大恐竜博物館」のひとつ、福井県立恐竜博物館があることでも有名。

そしてJR福井駅前では、実物大のフクイティタン、フクイサウルス、そしてフクイラプトルが、低い唸り声を上げながらゆさゆさと蠢《うごめ》いている。元恐竜少年がワクワクするような中生代の光景が、そこには広がっていた。

福井のパブリックイメージといえば、越前蟹でも鯖江のメガネフレームでもなく、やはり恐竜。よって「福井からJリーグを目指す」クラブが、恐竜を想起させる「サウルコス」となるのも当然の流れであった。以下、06年11月25日の福井新聞から引用。

《NPO「福井にJリーグチームをつくる会」は二十四日、サッカーJリーグ入りを目指すチーム名を「サウルコス福井」にすると発表した。（中略）／同会は十月、チーム名を「サウルス福井」「ザウルス福井」「サウルコス福井」の三つに絞り、はがきやホームページで投票を受け付けていた。／決定した「サウルコス福井」は、堂々と戦い抜く集団をイメージ。（中略）チームカラーの緑は、新鮮さや若々しさを表し、Jリーグの中で比較的使用しているチームが少ないことから選んだ。》

サウルコス福井となって、最初のシーズンは07年の北信越2部からのスタートであった。福井は2位でフィニッシュし、新潟経営大学との入れ替え戦にも勝利。08年からは、いよいよ北信越1部に挑戦する。当時の報道を精査すると「4〜5年でJ2」などという威勢の良い見出しも散見されるが、それがいかに甘い考えであったか、やがて思い知らされることになる。

この当時の北信越1部は、AC長野パルセイロ、ツエーゲン金沢、松本山雅FC、そしてJ

闘
福井U
45
1ST
2ND
EXT
PK

上：2018年のサウルコス福井。これまで何度も地域CLの壁に阻まれた
下：2019年の福井ユナイテッドFC。クラブ名もクラブカラーも変わった

APANサッカーカレッジがしのぎを削る「地獄の北信越」の時代。「石川からJを目指す」としていたフェルヴォローザ石川・白山FCは、経営難による弱体化で2部に降格している。当時を知るサポーターは、北信越の地獄ぶりをこう語る。

「2部から1部に上がって、レベルの違いに驚きました。最初のシーズンは、松本と引き分けるのが精いっぱい。長野も金沢も『なんでこのカテゴリーにいるの?』って感じで（苦笑）。サポーターの数と応援でも圧倒されていましたね。ただし、これだけ厳しい環境で鍛えられたからこそ、ずっと1部でいられたというのもあるんですけど」

その後、松本と金沢が09年に、そして長野が10年に北信越リーグから卒業し、地獄の季節は終わった。そして福井は12年、初のリーグ優勝を果たして地域決勝に挑戦する。しかし結果は、1PK勝ち2敗の最下位で1次ラウンド敗退。北信越は制したものの、全国との力の差は明らかであった。

翌13年、クラブは初のプロフェッショナルの監督として、佐野達を三顧の礼で迎える。実は福井県内で、S級ライセンスを持つ監督が指揮を執るのは、これが初めてであった。

佐野が福井を率いた13年から15年は、サポーターにとって明るい未来が感じられる3シーズンであった。前出のサポーターは語る。

「佐野さんが来てから、だんだんJリーグを目指すチームらしくなっていきましたよね。練習が夜から昼に変わって、2年目には胸スポンサーに福井銀行が付いて、テクノポートに4000人集まった試合もありました。北信越リーグでは4年連続で優勝したし、地域決勝も14年と15年は、決勝ラウンドに進出することができました」

佐野は、日産自動車が横浜マリノスに変わる直前までDFとしてプレー。指導者に転じてからは、いくつかのJクラブのコーチや監督を経て、2010年からJFLのV・ファーレン長崎の監督に就任する。3年目の12年にはJFL優勝とJ2昇格を達成するも、クラブ側は佐野とは契約を更新せず、長崎出身で知名度もある高木琢也を後任監督に据えた。当人に忸怩たる思いがあったことは、想像に難くない。

もっとも、佐野が長崎で培ってきたノウハウが移植されたのは、福井にとっては幸いであった。GMを兼任することで、それまでの場当たり的な強化は改められ、人脈を生かした選手獲得も可能となったからだ。また、佐野自身が積極的に地元メディアに登場することで、クラブの知名度もアップ。平均入場者数も13年の714人から、14年には1516人と倍増している（ちなみに冒頭のFC上田ジェンシャン戦は335人）。

かくして、北信越では圧倒的な実力と人気を誇る存在となったサウルコス福井。しかし全国の舞台では、どうしてもあと一歩届かない。13年の地域決勝では、2勝1敗の2位でまたも1次ラウンド敗退。14年と15年は、連続して決勝ラウンド進出を果たしたものの、いずれも昇格ならず。15年大会での指揮官のコメントを引用しよう。

「力不足だね、チャンスは作れていたんだけど。普通にできていたことが、できなくなるのが決勝ラウンドだと思うし、それが出せないのも力不足。ロングボールとかセットプレーで点を取れなかったら、やっぱり厳しいね」

結局、高知県立春野総合運動公園陸上競技場で行われた15年の決勝ラウンドが、佐野にとってのラストゲームとなった。

その日、スタンドで観戦していた『福井にJリーグチームをつくる会』理事長の梶本知暉は、「これで佐野さんも終わりかな」と周囲に漏らしたという。後任に選ばれたのは、佐野の前にチームを率いていた石田学。梶本の鶴の一声で決まった。

梶本は大阪の出身で、福井の人間ではない。1996年4月に福井トヨタ自動車社長に就任。2006年6月に退任し、同社の顧問となると『福井にJリーグチームをつくる会』理事長に就任する。この時、すでに64歳。福井トヨタでは順調に業績を伸ばし、優れた経営者としての逸話はあちこちで聞く。

だが残念ながら、梶本はクラブ経営のプロではなく、サッカー界の人脈も皆無に等しかった（それでも奇跡のような偶然が重なって佐野を招聘できたのだが、ここでは詳細は省く）。

一方で、長年暮らした福井への恩義に篤く、学生時代でのプレー経験からサッカーへの情熱は人一倍あり、それゆえサウルコスのためなら喜んで身銭を切った。新シーズンを迎えるにあたっては、監督の人件費を下げる代わりに、選手補強に多額の私財を投じている（しかも数千万円単位だったと言われる)。

地元愛とサッカー愛に溢れ、タニマチ気質たっぷりの経営者が、遮二無二Jリーグを目指したらどうなるか。勘のいい読者なら、すでに暗澹たる気分になっていることだろう。

サウルコス福井の破綻への道は、すでにこの時から始まっていたのである。


北信越リーグでの大勝から2日後、三国運動公園人工芝グラウンドで、福井ユナイテッドFCのトレーニングが行われた。到着した時には、すでに全体練習は終わり、各自が居残りトレーニングに汗を流している。キャプテンの橋本真人は、チームメイトと談笑しながらランニング。得点ランキング首位の山田雄太は、シュート練習に余念がない。

山田は15年、橋本は16年に福井に加入。橋本は入れ違いだったが、どちらも佐野の引きによって、それまで縁もゆかりもない北信越でのプレーを選んだ。

しかし16年、福井は5シーズンぶりにリーグ優勝を逃し、監督の石田は解任。選手兼任で今井昌太が新監督となるが、地域CL出場権獲得を目指した全社(全国社会人サッカー選手権大会)は2回戦で敗退し、あっけなくシーズンを終える。この年の指揮官の交代について、選手の思いは複雑だ。

「監督の戦術や起用法に従わないと、試合に出られませんでした。もちろん、選手としては受け入れないといけないとは思いますが、今から思うとチームとして壊れていましたね」(橋本)

「それまで一緒にプレーしていた人が監督になるのは、正直不安がありました。監督と選手とは、やっぱり一線があるべきだと僕は思っていましたから。結果的にチームとして、あまり上手くいかなかったですね」(山田)

この年、福井の新監督に招かれたのが、愛媛FCやヴァンラーレ八戸の監督を歴任した望月一仁である。この年は北信越王者に返り咲いたものの、地域CLでは1次ラウンドで敗退。戦力は充実していたが、VONDS市原FC、鈴鹿アンリミテッドFC、松江シティFCと同組になる不運に泣かされた。

続く18年は、アルティスタ浅間との激しいデッドヒートを制したが、そこに暗い影を落としたのが『福井にJリーグチームをつくる会』の経営危機。開幕から6連勝した3日後の6月27日、福井新聞のスクープで発覚した。

《(前略)NPO法人「福井にJリーグチームをつくる会」が資金難で単独運営が厳しい状況に陥ったことが6月26日、関係者への取材で分かった。/(中略)関係者によると、サウルコス福井の活動資金は主にスポンサー料やサッカースクール代のほかに、梶本知暉理事長個人の支えが大きかったという。6月に入り、梶本理事長が体調不良のため入院。選手の給与や遠征費など資金不足の問題が浮上した。》

現場の反応はどうだったのか。橋本いわく「今年JFLに上がらないと、そこでおしまいという噂は聞いていました」。山田いわく「その年に福井国体があったので、そこまではチームはなくならないとも聞いていました。チームが存続するには、とにかく国体で優勝するほかないって思いましたね」。

これからサウルコスは、どうなってしまうのか？　そんな現場の動揺を鎮めるべく、県協会の副会長で専務理事の西村昭治が練習場に赴き、選手たちに状況を説明した。

県協会としても、地元での国体開催を目前に、サッカー成年男子チームであるサウルコス福井を潰すわけにはいかない。「とりあえず年内は存続させる」という説明だったようだが、なかには「国体で優勝すれば、サウルコスは生き残れる」と受け取った選手も少なからずいたようだ。それくらい選手たちは追い詰められ、混乱していたのである。

9月30日から10月3日まで、4日間ぶっ通しで行われたサッカー成年男子は、開催県の福井が、栃木、島根、三重を打ち倒し、実に50年ぶりにファイナルに進出する。そしてテクノポートで行われた、東京都代表との決勝戦は、山田の2ゴールで2対0で勝利。見事、福井は地元での国体で初優勝を果たした。

この間、福井新聞をはじめとする地元メディアは、福井県代表を「サウルコス」と伝えている。県民の間で「サウルコスを潰していいのか？」という世論が生まれたことは、のちに少なからぬ意味を持つこととなった。

国体では優勝したものの、福井にはＪＦＬ昇格という重要なミッションが残されていた。

学校法人 大原学

10月20日から始まった全社では、準々決勝でFC刈谷にPK戦で敗退。11月9日からの地域CLも、決勝ラウンド進出を逃している。この大会でJFL昇格を決めた松江シティFC、そしておこしやす京都AC、栃木ウーヴァFCという、前年に続く「死のグループ」。クジ運のなさは健在だった。そして11月11日の松江戦（1対2）が、サウルコス福井としての最後の公式戦となったのである。

一方で、クラブの存続を巡る葛藤と逡巡は、その後も続いた。『福井にJリーグチームをつくる会』の年内での解散は決定し、県協会がサポートを続けるものの、年明け以降については白紙。県協会の西村は、旧経営陣から引き継いだ際、あまりの経理の杜撰さに驚いたという。

「とにかく経営の体《てい》をなしていなかったですね。数百万円単位でショートしていたので、選手に払う給料さえ出せない状況でした。それからJFLに昇格した場合、1000万円の入会金が必要なんですが、そのために日本政策金融公庫から借りていたお金もなくなっていました。新会社を立ち上げるにあたり、7月からスポンサー回りを始めましたが、どの企業さんも『潰れる会社にお金は出せない』というスタンスでしたね」

それでも西村には、わずかながら光明に感じられることもあった。まず、地元での国体優勝が、スポンサー集めでプラスに働いたこと。そして、FC岐阜やV・ファーレン長崎でGM経験のある、服部順一と出会ったことだ。

「正直、服部さんとお会いするまで、クラブ解散の可能性は十分にありましたね」と西村。ならば、当人はどう受け止めていたのだろう。実のところ服部は当初、福井の再生プロジェクトに関わるつもりはなかったという。

「あれは11月の終わりくらいでしたね。『サッカークラブの運営がわかっている人の話が聞きたい』ということで、県協会でお話させていただきました。ただし僕が話したのは、これまでの事例に基づく一般論。GM就任のオファーについては、ずっとお断りしていたんです。状況の厳しさは、僕自身も情報を持っていましたから」

ならばなぜ、火中の栗を拾う決断に至ったのか。続きを聞こう。

「12月初旬に、西村さんから『貴方が首を縦に振らなければ、このクラブは潰すしかない』と言われまして……。そこまで思ってくださるのなら、ということでお引き受けすることにしました。いろいろな人から『やめとけ』って言われましたよ(苦笑)。それでも僕が加わることで、クラブの歴史がつながっていくのなら——ってね」

かくして今年1月11日、新会社『福井ユナイテッド株式会社』が設立された。資本金は1020万円。トップチームのみならず、U-15チームやスクールも引き継ぐこととなった。代表取締役社長には、IT関連や海外人材交流の企業を経営する、福井出身の吉村一男が就任。ただし、吉村の拠点はシンガポールにあるため、経営や運営の陣頭指揮はGMの服部が担う。激務であることは間違いない。それでも服部は、現状に極めて前向きだ。

「家を建てることは決まったけれど、設計図もなければ資金もない、というのが新体制の現状。

この半年は、スポンサー営業にほとんど費やしてきました。資源、財源、人材。足りないものはいくらでもあるけれど、無理せずできることを着実にやっていくしかない。一方で『こうするべきでは？』と言ってくださる方には、『じゃあ、一緒にやりましょうよ！』と提案するようにしています。クラブ作りって、人と人が触れ合うエモーショナルな部分に、本質があると思っていますから」

福井取材の最終日、東尋坊に立ち寄ってみた。国の天然記念物にも指定されていて、観光地でありながら自殺の名所としても知られる東尋坊。火曜サスペンス劇場でもお馴染みの絶景には、ただただ圧倒されるばかりである。「ここに飛び込む覚悟があれば、何だってできる！」とさえ思えてしまう。

岩崎宏美の『聖母たちのララバイ』が脳内でリフレインする中、土産物屋を冷やかしていると『崖っぷちTシャツ』なるものが売られていた。

「去年の今頃は、ウチも崖っぷちでしたよ」

案内してくれた福井サポーターが、そう言って笑う。当時のことを笑って思いだせるほど、クラブの状況は復調傾向にある。

新しい運営会社が立ち上がったことを契機に、クラブは心機一転の証しとして、それまでのクラブカラーとサウルコスの名を消し去った。新しいクラブカラーにブルーを提案したのは、県協会の西村。日本海の色であり、国体のユニフォームもブルーだったことに由来する。そして「ユナイテッド」の発案者は、新社長の吉村。「オール福井」の願いが込められている。

どうやら吉村は、J3に福島ユナイテッドFCという1文字違いのクラブがあることを知らなかったようだ。クラブは23年までにJ3に昇格することを目指しているが、その時に福井と福島のユナイテッドを紛らわしいと感じる人が続出するのは必至。クラブの決断は尊重するが、これだけ県が恐竜推しを続けているのだから、せめてサウルコスの名は残してほしかったというのが個人的な感想である。

果たして関係者は、この決定をどう受け止めているのだろうか。

サウルコス時代を知るスタッフは、クラブを去った者も残った者も、いずれも異口同音に「寂しいですね」と語る。しかしサポーターに話を聞くと、彼らは驚くほどに前向きであった。「確かに『ユナイテッド』では面白みがないし、サウルコスに比べれば浸透度はゼロに近いですよね。実は、グリーンを残してほしいという要望書も出していたんです。結局、何もかも変わったけれど、一番大事なのは福井にJを目指すクラブがあるということ。ですから僕らも、心機一転で応援することに迷いはなかったですね」

これが選手になると、もっとドライだ。「真っ白な状態からやり直せるなら、むしろそのほうがいい」と山田が語れば、キャプテンの橋本も「僕も変わってくれてよかったと思います。練習にトレーナーを派遣してもらえるようになったし、トレーニングウエアも新品が支給されるようになりましたから」と、切実な思いを口にする。

山田も橋本も「サウルコスを愛してくれた人たちには申し訳ないんですけど」と前置きしながらも、クラブが良い方向に変化している現状に感謝と手応えを感じている様子。逆にサウルコス時代は、常に劣悪な環境でＪＦＬ昇格という結果を求められていたわけで、「変わってくれてよかった」という選手たちの反応は至極当然と言えよう。

ところで、昨年のサウルコス福井をめぐる物語は、私にある既視感を与えた。それは21年前に起こった、横浜フリューゲルスの悲劇である。

規模感こそ異なるものの、横浜マリノスとの合併発表から天皇杯優勝に至る過程は、経営危機の発覚から国体優勝に至る福井のそれと奇妙に符合する。

ただし、エンディングだけは決定的に違った。福井の場合は「Ｆの悲劇」とはならず、今は新たにデザインされた「ｆ」のエンブレムが、選手たちの胸に誇らしげに輝いている。

確かに、サウルコスという名前は消え、クラブカラーも変わった。一抹の寂しさは否めない。されど愛するクラブは、人々の努力と情熱で生き残った。

それ以上の望みがあるだろうか。

# 第12章

# クラブ経営の「属人化」をめぐる物語

北海道十勝スカイアース

――2019年・葉月

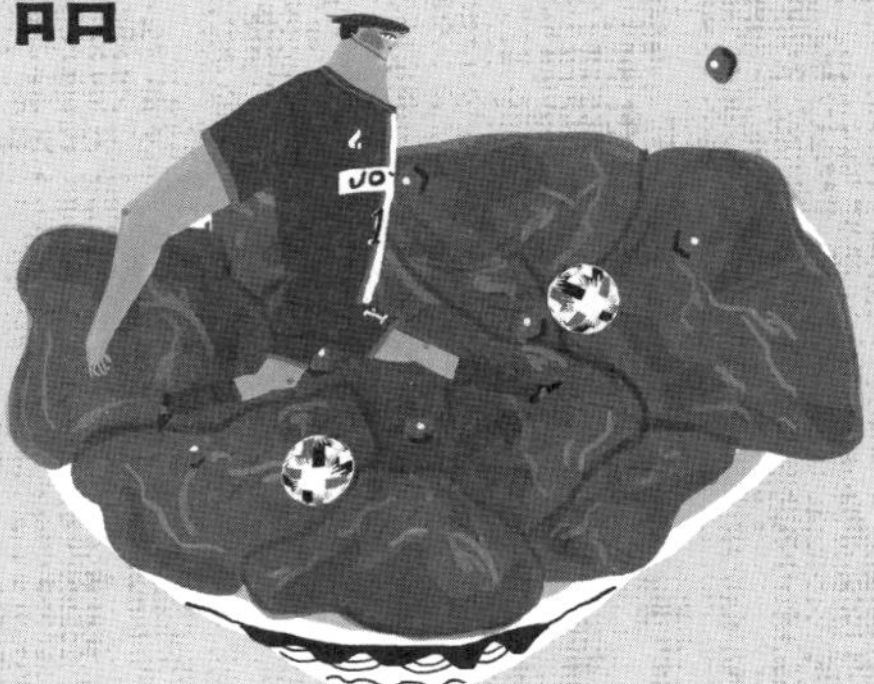

12年ぶりに訪れる十勝の風景は、まさに「スカイ（&）アース」そのものであった。

そして、私が北海道リーグを取材するのも、実に12年ぶり。その日、幕別町運動公園陸上競技場では、北海道十勝スカイアース対北蹴会岩見沢の試合が行われることになっていた。

今から12年前の２００７年、スカイアースはとかちフェアスカイ・ジェネシスという名称で北海道リーグを戦っていた。対戦相手は、当時全盛を誇っていたノルブリッツ北海道。試合はノルブリッツが４対０でホームチームを圧倒した。フェアスカイが勝っていたのは、サポーターの数。ノルブリッツの声出しサポーターはゼロだったのに対し、フェアスカイは５人ほどいたと記憶する。

それから12年。あの頃に取材した地域リーグのクラブは、そのほとんどがＪリーグやＪＦＬの舞台で戦っている。そんな中、フェアスカイはずっと北海道リーグに留まり続けた。のみならず、その下の道東ブロックリーグで３シーズンを過ごし、チーム解散の危機にも直面した。

だが、今はどうだろう。スカイアースと名を変えて２シーズン目となる今季は、第９節を終えてリーグ戦全勝。2位の札幌蹴球団とは3ポイント差ながら、このまま3連覇を達成することが確実視されている。そしてこの日も、8チーム中7位の岩見沢を相手に、開始20秒で先制すると、前半だけで7ゴール。後半も攻撃の手を緩めず、終わってみれば12対0という圧倒的なスコアで、岩見沢を完膚なきまでに叩きのめした。

もうひとつ、特筆すべきが集客である。この試合は、帯広青年会議所が設立した十勝総合スポーツ構想実行委員会が主催する「とかスポ」として開催され、その運営費は北海道新聞のクラウドファンディングサイトに集まった130万円で賄われた。目標としていた1000人の集客には届かなかったものの、およそ850人が訪れ、観客は配布されたブルーのスティックバルーンを叩きながら声援を送っていた。

12年前には、まったく考えられなかった北海道リーグの光景が、そこにはあった。

そんな中、深い感慨に耽っていたのが、スカイアースの統括GM補佐、中村吉克。ちなみに、今季から統括GMに就任したのは、元日本代表の城彰二である。

「この光景を藤川さんに見せたかったですね。でも、もしこの場にいたら、こう言ったと思うんです。『中村さん、まだまだ甘いですね。1000人いかなかったでしょ？　通過点でしかないでしょ？』ってね(笑)」

中村が言う「藤川さん」とは、昨年11月15日に胃ガンのため56歳の若さで死去した、前クラブ社長の藤川孝幸のことである。

50代のオールドファンなら「読売クラブの守護神」、さらに一回り下の世代ならば「とんねるずの木梨憲武とPK合戦をやっていた人」というイメージが強いだろう。

しかし多くのサッカーファンは、藤川が解散寸前だった北海道のクラブに、死の直前まで未来と希望を託していたという事実を知らない。

1995年にヴェルディ川崎で現役を引退した藤川は、ヴェルディを振り出しに、ヴィッセル神戸、ベガルタ仙台、アビスパ福岡でGKコーチを歴任。また、甲南大学や国際武道大学では、監督も務めている。そんな彼が指導現場を離れて、ソーシャルビジネス・総合スポーツサービス企業のリーフラス株式会社に入社したのが2015年1月のこと。その2年後には、スカイアースの代表に就任している。

藤川が、それまで縁もゆかりもなかった十勝に降り立たなければ、今のスカイアースの盛況はあり得なかった。そして、「十勝に北海道第2のJクラブを作る」という、壮大なプロジェクトが具体化することもなかった。

今回は、北海道十勝スカイアースというクラブの数奇な歩みを縦糸に、そして藤川孝幸という男の壮絶な晩年を横糸に、そこから編まれた物語について語っていくこととしたい。

8月24日、とかち帯広空港に到着。ちょうどNHK朝の連続小説『なつぞら』の舞台が十勝ということで、空港内には番宣ポスターが所狭しと貼られ、リムジンバスに乗るとドラマ主題歌『優しいあの子』が流れてきた。

当地は今まさに『なつぞら』一色。もっとも、私の頭の中は「空と大地（＝スカイアース）」のことで頭がいっぱい。車窓の向こう側に広がる、抜けるような青空と大地を覆う深い緑を見ていると、自然と心が癒やされてゆく。

「十勝はヨーロッパに似ている——」

生前の藤川は当地を訪れると、よくそんなことを語っていたそうだ。私も同感である。たとえば帯広から札幌、あるいは釧路や旭川といった都市に移動する時、必ず目にするのが広大な原野や湿原。田畑とはまったく異なる、人の手がまったくかかっていない大自然を抜けると、やがて目指す都市が見えてくる。ヨーロッパでの旅の感覚が、日本で唯一味わえる土地。それが、北海道なのだと思う。

そんな北海道で開催されている、北海道サッカーリーグについて、あらためて考えてみたい。北海道は47都道府県の中で唯一、地域リーグ（すなわち5部）の扱いを受けている。理由はもちろん面積が広大であるためだが、選手登録者数も4万人近くいて、これは四国4県の総数よりも多い。

北海道リーグは1978年、まずは4チームでスタート。現在は8チームで運営されている。この下にあるのがブロックリーグで、札幌、道南、道東、道央・道北の4ブロックがある（道央と道北は19年から合併）。そんな中、道東リーグのさらに下の帯広リーグから駆け上がってきたのが、ルードボーイズというチーム。のちのフェアスカイ、そしてスカイアースである。

ルードボーイズは95年に帯広4部に参戦すると、毎年のように昇格を続けて、98年には帯広1部、さらには2003年にスタートした道東リーグのオリジナルメンバーにも名を連ねた。そして05年には道東を制し、翌06年には北海道リーグに参戦。ところが、私が取材した07年は7位に終わり、道東リーグに自動降格。結局、北海道リーグ復帰に3シーズンを要した。

「僕らのやっていることって、何もない雪の原野を除雪している感じですよね。今のフェアスカイに、どこまで除雪する力があるかはわからない。それでも、次に来た人が『これは道かもしれない』って、少し雪が積もったとしてもわかると思うんです」

今から12年前、当時のフェアスカイを取材した際に、代表兼監督だった菖蒲友幸が語った言葉である。菖蒲はその後、代表に専念。14年には初めて地域決勝出場を果たし、16年1月にはクラブを一般社団法人とした。しかし、全国での戦いは3戦全敗、得点0の失点16という惨憺たる結果で終了。一般社団法人も、組織そのものが回らなくなって年内に解散した。17年は十勝FCと改称するも、実情は八方塞がりの状況だったのである。

そうした中、救いの手を差し伸べたのが、東京に本社を持つリーフラスであった。

2001年創業の同社は、福岡発祥のサッカースクールがルーツ。わずか20年の間に31都道府県に事務所を開設し、扱う競技もバスケットボールや野球など10種目に増やしていた。

一方で「スポーツを変え、デザインする」という社是のもと、選手のセカンドキャリアにも

上：2018年に胃ガンのため56歳で死去した、前クラブ代表の藤川孝幸
下：開拓時代を想起させる、ばんえい競馬。農耕馬の力強い走りが魅力

積極的で、藤川孝幸の入社もその流れに沿ったものであった。当の藤川もすぐさま頭角を表し、十勝ＦＣの子会社化を進めていた時には常務取締役となっている。

「十勝の話を持ってきたのは藤川さんです。まず、現地のサッカー環境が素晴らしいということ。単にＪリーグを目指すのでなく、十勝に総合型スポーツクラブを作ることは、わが社の理念にも合致するということ。それらを熱っぽく力説して、社長の伊藤（清隆）も『よし、やってみよう！』ということになりましたね」

そう語るのは、リーフラスの取締役でソーシャルアクション統括本部長の昆享康だ。昆によれば、当時の藤川は社長公認の下、持ち前の行動力とサッカー界のコネクションをフル活用しながら、全国を飛び回っていたという。そんな中で出会ったのが、雪の原野で立ち往生していた十勝ＦＣ。まさに、運命の出会いであった。

地元メディアに藤川の名前が登場するのは、17年5月12日のこと。この前日、リーフラスが十勝ＦＣへの経営参画の発表会見を行っている。以下、北海道新聞の記事からの引用。

《藤川常務は会見で今後の運営方針などを説明。本格的な運営は来季からで、来年1月に市内に運営会社を設立する計画を明らかにした。同社の資金や人脈などを活用し、新監督を迎え、新たに7人ほどの選手を補強する予定とした。（中略）／道内ではトップレベルだが、藤川常務は「（ＪＦＬ昇格につながる）チャンピオンズリーグでいかに勝てるかを考えて選手補強を行う。サッカー界は甘くない。ＪＦＬに上がるまでに2～3年、Ｊ３にはさらに5年くらいかか

りそう」と話す。》

統括GM補佐の中村が、藤川に初めて会ったのも、この頃のことだ。中村はフェアスカイの元選手で、当時の仕事は保険の外交員。運転手兼助手として、週3回のペースで藤川の挨拶回りに帯同していた。

「朝の9時に空港に到着したら、そこから16時くらいまでびっしり。朝から夕方まで、自治体や協賛企業を回っていましたね。とにかく『十勝のために!』という熱量が半端ないんですよ。最初は半信半疑だった人も『藤川さんとならできるかもしれない』とか『そこまで言うなら一緒にやりましょう』という感じになるんですよね」

それから季節は移ろい、17年の11月28日、北海道十勝スカイアーススポーツ株式会社が設立。クリスマスソングが街中に流れる12月20日には、JR帯広駅から徒歩10分の好立地にクラブ事務所が開設された。代表に就任したばかりの藤川も、事務所開きの会合に出席している。しかし、久々に目にする彼の姿からは、いつものエネルギッシュなイメージがすっかり消え失せていた。

帯広青年会議所を代表して、クラブの取締役となった金澤宗一郎も、藤川のただならぬ変化に不安を覚えたひとりである。

「びっくりするくらい痩せていて、顔色も良くなかったですね。挨拶もそこそこに、ずっと辛そうに事務所の椅子に座っていました。ガンだと知らされたのは（12月）28日。でも最初は、手術をしたらすぐに治る話だと思っていたんです。ステージ4だと知らされたのは、1月の下旬でしたね」

実は事務所開きの前日、藤川は「今は、誰にも言わないでほしいんだけど」と前置きして、中村にステージ4の胃ガンであることを打ち明けている。医師から「来年の桜は見られないかもしれない」と告げられたことも明かした。

翌18年の2月、中村は保険外交員の職を辞し、リーフラスに入社する。それは藤川の回復を信じながら、代表不在となったクラブの運営に全力で取り組む決意表明でもあった。

今季からスカイアースの監督を務める高勝竜が、藤川から声をかけられてリーフラスに入社したのは、17年4月のことであった。

高は黎明期の読売ジュニオール出身で、藤川のことはもちろん知っていた。とはいえ、セカンドチームの若手にとり、トップチームの守護神は遠い存在でしかなかった。両者が親しい関係となるのは、それから実に25年後のこと。国際武道大学サッカー部の監督とヘッドコーチとなる、２０１４年まで待たなければならない。

「その後、僕が監督を引き継ぐんですが、いろいろあって16年いっぱいで辞めることになった時に、藤川さんから『リーフラスに来ないか』と声をかけていただきました。入社して1カ月後、十勝ＦＣへの経営参画が決まって、それから監督就任の打診があったのが、6月か7月くらい。

こちらもそのつもりでいたんですが、監督に就任したのは梅山（修）さんでした」

高は1964年生まれの55歳、梅山は73年生まれの46歳。どちらもS級ライセンスは取得しておらず、それゆえにJクラブのトップチームを率いた経験もなかった。それでも高ではなく梅山に白羽の矢が立ったのは、彼のユニークな経歴（現役引退後に新潟市議会議員に当選）に由来していると言われている。再び、高。

「監督選びには、スポンサーの意向が反映されていたようです。若くてフットワークがあって、市議会議員の経験がある梅山さんのほうが、スポンサー受けが良かったんでしょうね。藤川さん自身、クラブの状況を考えると、現場だけでなく営業もできる監督が望ましいと考えていたみたいです」

ちなみに梅山と藤川の接点は、梅山がヴェルディ川崎でプレーしていた00年にまで遡る。藤川からのオファーに梅山が応じ、17年の10月12日に「新監督内定」が報じられた。日刊スポーツ北海道版には「人格、人間性ともすばらしい人材。監督としても戦術、戦略にたけている。議員として新潟のスポーツ環境改善に尽力したように、十勝でも大きな力になるはず」という、藤川の梅山評が紹介されている。

前述したとおり、藤川は17年末にガン治療のため入院。新シーズンを無事に迎えるために、常勤で事務所に詰めていたのは、監督の梅山、中村、そしてコーチ兼任で18年に入団した長野聡の3人であった。長野は最初の所属クラブであるアビスパ福岡で、当時GKコーチに就任した藤川に出会い、9年後の17年に突然の連絡を受ける。タイで5年プレーして、そろそろ日本に戻ろうかと考えていたタイミングだった。

「藤川さんから『もうタイはいいだろう。十勝でJを目指すクラブを手伝ってほしい』って。何か運命的なものを感じて、ワクワク感しかなかったです。そうしたら、藤川さんがガンになったという知らせがあって。本人は『何も心配いらないから』と言っていたんですけど、集中治療を受けると聞いて、実は少しだけ迷いが出たんですよね」

その時、看護師出身の妻から「貴方が断ったら、治る病気が治らなくかもしれないのよ？それでもいいの？」と言われ、はっとした。

「それから僕も覚悟を決めましたね。藤川さんが戻ったら、すぐに仕事が始められる状況を作っておこうと」

かくして18年の2月、家族揃ってタイから帰国。初めての北海道暮らしだった。

新シーズン開幕まで1カ月を切った4月18日、北海道ホテルで新体制発表会とキックオフパーティーが開催された。代表の藤川も、久々にメディアの前に登場。新監督の梅山、長野を含む15人の新加入選手の発表ののち、藤川は自らガンであることを公表している。

当時の写真を見ると、頭を覆うキャップと深く抉れた頬に痛々しさが感じられるものの、その瞳には激しい生への執着が見て取れる。実際、この会見の出席者の中には、藤川の回復を信じる者も少なくなかったという。

18年の北海道リーグは、全国の9地域リーグの最後を飾る5月13日に開幕。スカイアースはホームの幕別で、道北ブロックから昇格したVERDELAZZO旭川を迎えた。結果は渋谷亮と松尾雄斗のゴールで2対1の勝利。しかし、圧勝を期待していた藤川は、この結果に不満だったとも聞く。

梅山は現在、北信越リーグ1部のアルティスタ浅間でヘッドコーチを務めている。念のため当人に確認を取ると、このような回答があった。

「藤川さんとは基本的にLINEでやり取りしていたんですが、『開幕戦はそんなものだから問題ない』というメッセージでした。それが夜になって『チーム崩壊の決定的な問題がある』ということで、藤川さんが帯広に来て緊急ミーティングを持つことになりました。どうやら試合に使われなかった選手の不満を聞いて、居ても立ってもいられなくなったみたいです」

会談の結果、いったんは藤川も納得して帰っていった。しかし夏になって、またしても梅山の立場を危うくする事案が発生する。知事杯全道サッカー選手権大会の準決勝で、スカイアースは札幌大学に0対3で敗退。この結果に藤川が激怒し、監督交代を真剣に考えた——。そんな証言を得ている。

コーチ兼任の長野は、藤川から電話で「監督を代えようと思っているんだけど」という相談を受けている。もちろん、すべてが上手くいっているわけではない。それでも長野は、梅山の

JOYFIT

JOY FIT
JOY FIT
JOY FIT
JOY FIT

実直で緻密な仕事ぶりを間近で見ていたので、指揮官の交代には反対の立場だった。「ここで代えても、絶対に良くなる保証はないです。今のままでいきましょう」と説得し、藤川も納得したという。ところが梅山に確認すると、またしても正反対の証言が出てくる。

「知事杯に関しては、たとえ優勝しても何かにつながる大会ではありませんでした。ですから準決勝で負けても、まったく問題ないと藤川さんは認識していたと思っています。実際、札大に負けた時も、『リーグ戦に集中だ！』という内容のLINEを藤川さんからいただいていましたし」

さまざまな証言を収集し、精査してみて痛感するのが、「チーム」としての一体感の欠如である。原因の一端が、藤川の不在にあったことは間違いない。故人にはいささか酷な話であるが、リーフラスとしては藤川を治療に専念させて、新しい社長を送り込むべきであった。代えるべきは、監督ではなくクラブのトップ――。そう、断じざるを得ない。

この年のスカイアースは、1試合を残して9月23日に北海道リーグに優勝。その瞬間に立ち会っていた藤川は「これ、少ないけど」と、長野に5000円札を手渡している。家族と美味いものを食べる足しにしてほしい、という思いが込められたのだろう。「直接お話したのは、あの時が最後。いただいた5000円は、今も大事にとってあります」と長野。

中村が最後に藤川と言葉を交わしたのは、JFA最高顧問の川淵三郎が帯広を訪れ、講演を行った9月25日のことであった。

クラブ代表という立場ゆえ、顔を出さないわけにはいかない。中村の運転する車で、会場の帯広市民文化ホールに到着すると、藤川は背中の激痛でしばらく動けなくなってしまう。川淵の講演が始まる直前になって、ようやく車を降りた藤川は「中村さんに辛いところを見せてしまったね」と寂しく苦笑いしたという。

こののち、藤川は再び入院。心待ちにしていた地域CL開幕まで、あと1カ月というタイミングであった。試合会場となる函館の千代台公園陸上競技場に赴き、スカイアースの激励に訪れる藤川の姿を、某民放局がカメラに収める予定だったという。しかし結局、企画そのものが流れることとなった。

地域CLにおける北海道代表のポジションは、「草刈場」という言葉が相応しい。12年にノルブリッツが決勝ラウンドに進出したのを最後に、ずっと北海道代表は1次ラウンド最下位。しかも17年の地域CLまで、90分勝利したチームはひとつとしてなかった。

18年の地域CLで、スカイアースと同組となったのは、東海のFC刈谷、四国の高知ユナイテッドSC、そして東北のブランデュー弘前FC。いずれも「格上」の存在である。しかし蓋を開けてみると、北海道のアンダードッグは函館で旋風を巻き起こす。

11月9日の刈谷との初戦は、前半を0対0の状態に持ち込むと、47分に渋谷亮のゴールで何と先制。その後、50分に同点に追いつかれると、3分後にはラファエルが2枚目のイエローで退場となり、さらに失点を重ねて1対3の敗戦となる。敗れはしたものの、決勝ラウンドの常連である刈谷に、一時的にリードしたのは大健闘と言えよう。

続く10日の高知戦も、前半を0対0でしのぐと、50分に山下亮介が、そして74分に長野が、いずれもCKから得点。さらに85分には松尾雄斗がダメ押しの3点目を決めて、地域CL初勝利を挙げた。しかし11日の弘前戦は、見せ場を作れないまま0対5で大敗。スカイアースの冒険は終わった。

大会中、クラブスタッフは、入院中の藤川とLINEで連絡を取り合っていた。刈谷との初戦に敗れた時、長野は「地決はここからだ！」というメッセージを受け取っている。しかし高知に勝利して歓喜の報告を送っても、既読になることはなかった。

一方、中村は3試合目が終わった時、藤川から着信があったことに気付き、慌ててコールバックしている。だが、虚しく呼び出し音が鳴り響くばかり。暗い予感が脳裏をよぎった。

帯広に戻った12日の夜、藤川危篤の知らせがクラブに届く。翌13日、梅山と中村が東京に飛んで見舞いに訪れたが、すでに当人は意識不明の状態だった。

それから2日後の11月15日、藤川孝幸死去。享年56歳。メディアがその死を報じたのは、それから約1週間後の11月21日であった。

明けて19年1月8日、空白となっていたクラブの代表取締役に金澤が就任。さらに2月1日には、監督が梅山から高に代わることが発表された。一連の人事は、前年の12月には決まっていたという。だが監督交代に関して、現職の高にしても、前任の梅山にしても、思いは複雑である。まず、高の証言。

「リーフラスに入ってから、ほとんど藤川さんとのコンタクトはなくなりました。連絡をするなら誰々を通せ、みたいな感じ。気軽な先輩後輩の関係ではなくなりましたね。監督就任の件は、会社から『藤川さんの意向だから』と言われました。でも、本当は僕に直接言ってほしかったし、もっと藤川さんと話をしたかった。それが本音です」

一方の梅山は、より複雑な思いがあっただろう。現場の指導だけでなく、予算管理やグラウンドの確保、さらには自治体との連携から外国人選手のビザの手続きに至るまで、ほとんどワンオペ状態で切り盛りしていた。そしてまさに、来季の編成を考えていたところでの監督交代。だが当人の反応は、実に淡々としたものであった。

「本当にまっさらな状況から、チームの立ち上げに関わらさせていただきました。普通なら3年から4年くらいの経験を、1年でさせていただいたことは大きな経験となりましたし、その機会を与えてくれた藤川さんには感謝しています」

北海道十勝スカイアースと藤川孝幸の物語は、結局のところ「クラブ経営の属人化がもたらす是非」というテーマに収斂されてゆく。

常識的に考えるなら、属人化は間違いなく「非」である。しかしながら藤川が残りの人生を懸けて、クラブをリーフラスの子会社としたことで「十勝に北海道第2のJクラブを作る」という、途方もない夢をつなぎ止めることができたのも事実。藤川による属人化があればこそ、フェアスカイはスカイアースとなり得たのである。

藤川が十勝のサッカー界に遺した功績は、決して忘れるべきではない。と同時に、単なる美談で終わらせるべき話でもない。

北海道十勝スカイアースの物語は、実のところ、さまざまな教訓を含有している。だからこそ、より多くのサッカーを愛する人々に共有されることを、切に望みたい。

# 第13章 令和最初のJFL昇格を懸けた戦い

全国地域サッカーチャンピオンズリーグ

――2019年・霜月

4年ぶりの金沢だった。

前回は2015年の天皇杯1回戦で、ツエーゲン金沢とFC今治が対戦した試合を取材。途中から雨が降ってきて、コンコースの階段で足を滑らせ、思い切り転倒した苦い記憶が蘇る。北陸新幹線かがやきを降りると、小雨がぱらついていた。

今年も地域CL（全国地域サッカーチャンピオンズリーグ）の季節がやって来た。前身の地域決勝を初めて取材したのは2005年のこと。早いもので、今回が15回目となった。私にとっては、もはやライフワークと呼んでいい。もっとも、この大会をアウトプットできる媒体が、年々少なくなっているのは、いささか残念である。

かつては専門誌でも取り上げてもらえたし、FC今治がJFLを目指していた時には、スポーツナビの連載企画として取材にも行かせてもらえた。しかし現在、掲載できるのは自分のウェブマガジンのみ。試しにいくつかのネットメディアに打診してみたら、ひとつは「いわきFCが上がったらやりましょう」。もうひとつは「数字が取れないので結構です」。

これが、サッカーメディア全般における、地域CLのポジションである。正直、マネタイズが難しい取材対象。それでも自分の仕事を俯瞰的に捉えた時、全国9地域のチャンピオンが集まるこの大会から背を向けるわけにはいかない。

あらためて、今大会の出場チームをグループごとに列挙してみよう。

Aグループ（会場＝金沢）
・福井ユナイテッドFC（北信越1位／福井）
・沖縄SV（九州1位／沖縄）
・FC刈谷（東海1位／愛知）
・FC徳島（四国2位／徳島）※輪番枠

Bグループ（会場＝仁賀保）
・いわきFC（東北1位／福島）
・FC TIAMO枚方（関西2位／大阪）※全社枠
・VONDS市原FC（関東1位／千葉）
・北海道十勝スカイアース（北海道1位／北海道）

Cグループ（会場＝高知）
・おこしやす京都AC（関西1位／京都）

・高知ユナイテッドSC（四国1位／高知）
・ブランデュー弘前FC（東北2位／青森）※輪番枠
・SRC広島（中国1位／広島）

今年は9地域のチャンピオンに加えて、全社枠が1チーム、そして輪番枠が2チーム。12チーム中、広島を除く11チームがJFL昇格を目指している。

では、どの会場に向かうべきか？「死のグループ」と目される仁賀保会場は、確かに惹かれるものがあった。しかし、今回は金沢一択。2006年に設立間もないツエーゲン金沢を取材して以来、加賀百万石は私にとって思い出の地であり続けた。そして、この夏に取材したばかりの福井ユナイテッドFCが気になっていたのも、理由のひとつだった。

バス、列車、タクシー、そして飛行機。これまでさまざまな交通手段で、地域CLの会場に赴いてきた。たまに現地在住の友人の車に乗せてもらったこともある。そんな中、メルセデス・ベンツで金沢サッカー場に向かうのは、ちょっとしたイベント感があった。

ハンドルを握るのは、地域リーグ時代からツエーゲンを応援していた女性で、最近はボランティアが中心らしい。「ダンナの車なんですけど、たまたま私も車も空いていたので」ということで、ありがたく助手席に座らせていただくことにする。

「実は1次ラウンドは、刈谷推しなんですよ」と彼女。理由を聞くと「10年前の入れ替え戦で対戦して、ウチが勝っちゃったじゃないですか。それが申し訳なくて」

2009年の地域決勝、ツエーゲン金沢は決勝ラウンドを3位で終え、JFL17位のFC刈谷とホーム&アウェーのプレーオフを戦うこととなった。12月13日は金沢のホームで1対0。19日の刈谷ホームでは1対1。余談ながら、この第2戦では他のJFLクラブのサポーターも会場に駆けつけ、さながら「JFL連合」の様相で刈谷をサポートしていた。

FC刈谷は1996年、デンソーサッカー部として旧JFLに参戦。99年からスタートした現JFLのオリジナルメンバーでもある(FC刈谷となったのは2006年から)。以後11シーズンにわたり、アマチュア最高峰の全国リーグで戦い続けたのだから、他サポーターによる「義勇軍」が生まれたのも当然であろう。

しかし結果は、1勝1分けで金沢がJFLに昇格。入れ替わりで刈谷は16シーズンぶりに東海1部に出戻りとなった。その後、金沢は14年に創設されたJ3の一員となり、翌15年にはJ2に昇格。一方の刈谷は、ずっと東海リーグから抜け出せずに10年の時が流れた。そのことを申し訳なく思っている金沢サポーターは、どうやら少なからずいるようだ。

大会初日は、第1試合がFC刈谷対福井ユナイテッドFC、第2試合が沖縄SV対FC徳島。このうち10時45分キックオフのカードは、1位抜け候補同士による対戦であった。刈谷は5大会連続での地域CL出場で、前回大会は決勝ラウンド進出。一方の福井も、サウルコス福

AICHI

井時代から地域ＣＬの常連である。だが、お互いにそのことを意識しすぎたのだろう。両者とも本来の力を発揮しないまま、手堅すぎる戦い方に終始し、スコアレスドローに終わった（地域ＣＬでのＰＫ戦は18年大会から廃止）。

初戦特有の緊張感ゆえであろうか。13時30分キックオフの第2試合も、なかなかネットが揺れないまま、前半の45分が終了する。沖縄は、元日本代表の高原直泰が背番号10を背負い、クラブ代表と監督とキャプテンを兼任しているチーム。対する徳島は、現在のクラブ名になってからは初見であったが（前年まではＦＣ徳島セレステ）、ポゼッション重視のスタイルを貫く潔さが印象的であった。

試合が動いたのは、後半開始早々の47分。高原が鮮やかなオーバーヘッドで先制点を挙げる。その後、徳島が72分に松本圭介が直接ＦＫを決めて同点に追いつくも、直後にＰＫを献上。これを山内達朗が冷静に決めて、再び沖縄が突き放す。結果、2対1で沖縄が勝利し、刈谷と福井を出し抜いて首位に浮上した。

まさに、高原の個の力だけでもぎ取ったような勝ち点3。試合後の囲み取材で「ひとりで多くのタスクを抱える苦労は感じますか？」と問いかけると、少しむっとした表情で「そんなことはないです」と応える。だが、ワンマンならぬワンオペ状態のチームマネジメントで勝ち抜けるほど、地域ＣＬは甘いものではない。

大会2日目、早くも沖縄SVのワンオペ状態が破綻をきたす事態となった。この日、第2試合に登場した沖縄は福井と対戦。11分に先制されるも、その6分後にCKから安藝正俊が頭で決めて同点に追いつく。しかし22分と36分、そして前半アディショナルタイムに立て続けに失点。後半も2失点を喫して1対6という大差で敗れてしまう。

大量失点の契機となったのは、MF高柳昌賢の負傷交代だった。単なる負傷ではない。脳震盪の疑いがあったにもかかわらず、すぐにベンチに下げる判断ができなかったことが、22分の失点につながってしまった。監督がベンチから試合を見守っていれば、こうしたアクシデントは最小限に抑えることができただろう。

なお、第1試合は5対2で刈谷が徳島に勝利。これで3日目、刈谷と福井が勝利すれば得失点差に関係なく、両チームが揃って決勝ラウンドに進出することになる。

地域CL出場12チームのうち、決勝ラウンドに出場できるのは4チーム。各グループの1位に加えて、最も成績の良い2位が「ワイルドカード」となる。

1次ラウンド2日目を終えて、「死のグループ」仁賀保会場では、VONDS市原FCが初戦でFC TIAMO枚方に敗れ、いわきFCがやや抜けた感はある。高知会場では、高知ユナイテッドSCがSRC広島に7対0で大勝。奇跡の滑り込みに望みをつないだ。

3日目の金沢会場。メディアの受付を済ませると、FC刈谷のサポーターから「いつも読んでますよ！」と声をかけられた。この日、沖縄SVに勝利すれば、刈谷は2年連続の決勝ラウンド進出。赤タスキのレプリカを着たサポーターからは、隠しようのない楽観的な雰囲気が感じられた。

昇格を目指す11チームのうち、全国リーグを経験しているのは刈谷のみ。彼らにとってのJFLとは、「目指すべき場所」というよりも、むしろ「戻るべき場所」であった。一方の沖縄は、前日の大敗の影響が気になるところ。とはいえ、彼らもまた決勝ラウンド進出の可能性を、わずかながら残していた。

試合が始まってみると、序盤から沖縄が押し気味に試合を進めたのに対し、刈谷はなかなか攻撃のスイッチが入らない。前半は0対0で終了。刈谷のサポーターにとっては、ストレスばかりが感じられる展開であった。

試合が動いたのは73分。沖縄のCKのチャンスから、またしても安藝が頭で決めた。歓喜に沸く沖縄の選手と、天を仰ぐ刈谷の選手。2点が必要になった刈谷は、その後は必死で相手陣内を攻め立てるが、沖縄は3試合目にしてディフェンスが完璧に機能。とりわけこの日は、少し下がり目のポジションを取る高原の献身的なプレーが光っていた。

結局、5分のアディショナルタイムをしのぎ切った沖縄が、1対0で勝利。刈谷は交代カード5枚のうち3枚を残し、実に淡白な形での1次ラウンド敗退となった。試合後、スタンドで後片付けをしている刈谷サポーターが、私を見つけて「宇都宮さん、厳しい記事を書いてよね！」

と叫ぶ。その気持ち、痛いほどわかる。

一方、勝った沖縄の高原は「わずかな可能性を信じて、選手たちが気持ちを切り替えてハードワークをしてくれました」とコメント。第2試合でFC徳島が、福井ユナイテッドFCに勝つか引き分ければ、逆転で沖縄が決勝ラウンドに進出することとなる。しかし高原は「僕はもう帰ります」と苦笑して、その場を去っていった。結局、第2試合は5対0で福井が圧勝。ここ金沢からは、福井のみが決勝ラウンド行きの切符を手にすることとなった。

他会場は、どうなったのだろうか。

仁賀保会場ではいわきFCが、そして高知会場ではおこしやす京都ACが首位突破。勝ち点6で並んだワイルドカードの行方は、得失点差+6の高知ユナイテッドSCが、初の決勝ラウンド進出を決めた。先の読めないドラマは、まだまだ続く。

そしてドラマのフィナーレの舞台となるのは、福島のJヴィレッジだ。

日本のサッカーファンなら誰もが知っているけれど、実際に行く機会が限られている場所。それが、わが国初のナショナルトレーニングセンター、Jヴィレッジである。

1997年のオープン以来、ここは日本代表やJクラブのキャンプ、さらには育成年代の大会会場として、幅広く利用されてきた。とりわけ育成年代のウォッチャーにとっては、Jヴィレッジはお馴染みの場所といえよう。

だが、２０１１年3月11日に発生した東日本大震災、それに伴う福島第一原発事故によって、Jヴィレッジの役割は大きく変容する。施設は否応なく国に移管され、政府、陸上自衛隊、警察、消防、そして東京電力による原発事故対応の最前線基地となったからだ。震災から3年目の春にJヴィレッジを訪れた際、人工芝のピッチにプレハブの建物がずらりと並んでいたのを見て、強烈な衝撃を受けたことを生々しく覚えている。

その後、関係者のたゆまぬ努力によって18年の夏には一部営業再開、そして翌19年春には全面営業再開となったJヴィレッジ。そこで、地域CLの決勝ラウンドが開催されるのは、いちサッカーファンとしても感慨深いものがある。

決勝ラウンド1日目となる11月20日、いわき市内の宿泊先から常磐線に乗車し、木戸駅から徒歩25分のJヴィレッジを目指す。もちろん、かなり時間の余裕を見ての出発であった。

ようやくセンター棟に到着してから、さて試合はどこで行われるのだろうと見渡してみる。どうしたことか、大会特有の空気がまったく感じられない。少し不安になって、地元住民と思しき年長者の男性に声をかけてみる。「私もここに来るのは、丸山桂里奈が（東京電力女子サッカー部）マリーゼにいた時以来なもので」と、何とも心もとない答えが返ってきた。

慌てて大会要項を確認すると、試合会場が「Jヴィレッジスタジアム」であることに、キックオフ35分前になって気が付いた。何となくイメージしていたJヴィレッジとは別に、Jヴィレッジスタジアムというものがあるらしい。職員らしき人に道を尋ねると、「ここから徒歩20

分くらいですかねえ」。腕時計に視線を送ると、キックオフ23分前！

こうなると「震災復興」の余韻や感慨に浸る余裕などない。背負った機材の重さをひしひしと感じながら、懸命に早足で目的地に向かう。それにしても、何という敷地の広大さであろうか。思わぬ形で、現状復帰に努力した人たちへの感謝の念が湧き上がってくる。

結局、選手入場の直前に試合会場に到着。ところが、ここでも想定外の事態が。いざカメラを構えると、「そこは撮影禁止です」とか「きちんと動線を守ってください」とか、いつになく背後から声をかけられるのである。なるほど、さすがはJFAのお膝元だ。これからの6試合、ずっとこんな調子なのだろうか。

そんなこんなで、Jヴィレッジでの決勝ラウンド取材が始まった。


10時45分キックオフの第1試合は、いわきFC対高知ユナイテッドSC。どちらも初の決勝ラウンド進出である。水曜の午前にもかかわらず、お膝元のJヴィレッジでの開催ということで、スタンドはいわきの赤一色。対する高知は、サポーターの人数こそ限られていたものの、女性コールリーダーが朗々とチャントを熱唱していた。

決勝ラウンドに進出した4チームで、初出場ながら最も知名度があるのが、いわきである。もともとは福島県3部のアマチュアクラブだったが、2015年12月に株式会社ドームが経営権を取得。県2部、1部、東北2部、そして1部と、ステップアップを繰り返してきた。今季

高知家
10

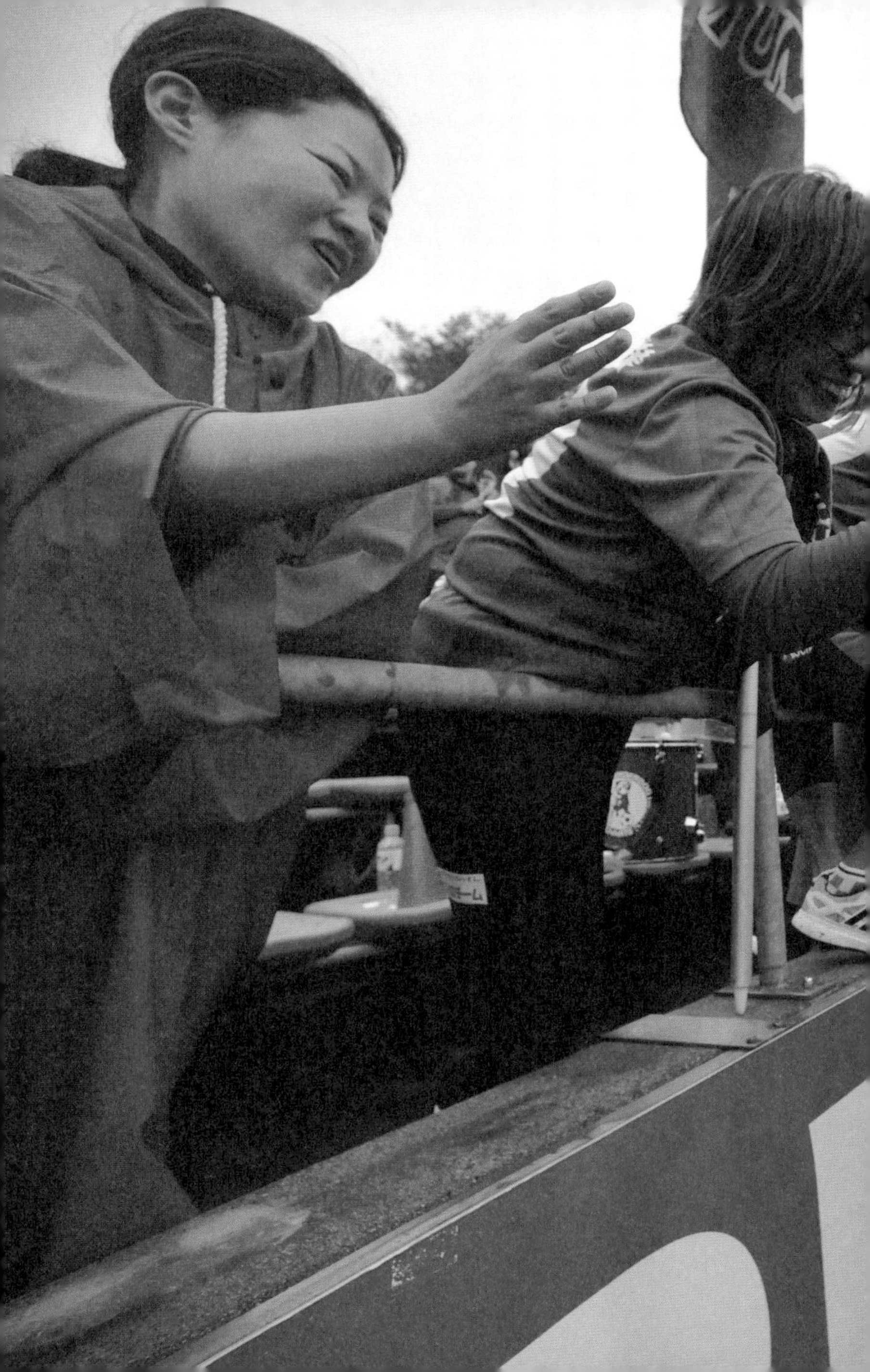

のリーグ戦は、15勝3分け無敗、得点104の失点4という驚異的な記録で東北1部を制覇。当面は破られそうにない、リーグ記録を樹立しての優勝と地域CL初挑戦である。

対する高知は、四国で唯一のJリーグ空白県からJFLを目指すクラブで、四国リーグのアイゴッソ高知と高知Uトラスター FCが合併して2016年に誕生。FC今治がJFLに昇格して以降、四国では無敵の強さを誇るものの全国との力の差は埋め難く、過去2回の地域CLではいずれも1次ラウンド敗退に終わっている。現在GMを務めるのは、セレッソ大阪やU－20日本代表などの監督を歴任した西村昭宏。そして10番とキャプテンマークを担うのは、アンダー世代の日本代表経験もある横竹翔である。

試合が動いたのは後半から。59分と60分にいわきの赤星魁麻が連続ゴール、さらに70分にはバスケス・バイロンが吉田知樹のクロスから3点目を挙げる。終わってみれば、3対0でいわきの完勝であった。

敗れた高知の横竹は「相手陣内にボールを運んでからの精度が欠けていた」と反省しきり。それでも「まだ2試合ありますので、自分たちを信じてやり抜きたい」と、自身に言い聞かせるように語っていた。

初出場で、しかも若い選手が多い。そんないわきが、決勝ラウンドでも相手をここまで圧倒するとは思ってもみなかった。となると、第2試合のおこしやす京都ACと福井ユナイテッドFCの結果で、昇格争いの趨勢が見えてきそうだ。

前身のアミティエSC京都から、18年のシーズン開幕直前に現クラブ名に変更。英語表記は「Ococias Kyoto AC」、中国語表記は「京都歡迎光臨」。観光都市のクラブらしく、国際的にも通用するブランディングを意識したネーミングとなっている。アフリカのガーナにコネクションがあり、去年の全社ではエリック・クミが注目されていたが、今大会ではガーナ出身の選手が3人に増えていた（クミの他にFWのイブラヒムとMFのサバン）。

対する福井も運営会社の変更に伴い、昨年末に前身のサウルコス福井から現クラブ名に改称。クラブカラーもグリーンからブルーに改められた。今年の北信越リーグでは、13勝1分けの無敗で優勝。14試合で29ゴールをマークし、北信越リーグの新記録を樹立した山田雄太は、今大会の1次ラウンドでも4ゴールを挙げている。

戦前は「応用力の京都」と「攻撃力の福井」という構図をイメージしていた。ところが試合が始まってみると「抜け目ない京都」と「萎縮する福井」という結果に終わる。

京都は、前半アディショナルタイムに相手の連携ミスから先制すると、さらに65分にはCKから相手クリアボールを押し込んで追加点。決めたのはイブラヒムとサバンのガーナ人コンビだった。その伸びやかなプレーからは、地域CLという大会への気負いはまったく感じられない。ガチガチになっていたのは、むしろ福井の選手たち、それもこの大会の経験者であった。明暗を分けたのは、地域CLの怖さを「知らないこと」だったのかもしれない。

地域CLは前回大会より、決勝ラウンドは中1日の休みが入る5日開催となっていた（JFA副会長だった岡田武史の「置き土産」と言われている）。以前の「金・土・日」から「水・金・日」と日程が変更されたことで、地域リーグファンには観戦しづらい大会となってしまった。関係者に話を聞くと「休みが1日入るのは有り難い」と歓迎する声もあれば、「いい流れが断ち切られるリスク」を不安視する声もある。

リスクが感じられる一番のポイントは、3日連続の1次ラウンドとのギャップであろう。いわきFCの田村雄三監督も、その点を心配していたが「選手たちが上手く順応してくれたので杞憂でした（笑）」と安堵した様子。

一方、中1日の休みをリフレッシュと割り切ったのが、高知の大谷武文監督。いわく「初戦に敗れた時は選手もガックリきていましたが、近所の公園で気分転換させることを第一に考えました」。

決勝ラウンド第2戦は、いわきが京都に1対0、高知は福井に3対1で勝利。連勝したいわきは早々にJFL昇格を決め、連敗した福井はまたしても地域CLの魔物に魅入られることとなってしまった。

11月24日の第3戦は、その両者が第1試合で対戦。冷たい雨の中で行われた試合は、1対1の引き分けに終わった。いわきは地域CLを制してのJFL昇格が決定。そして福井は、来年もまた北信越から全国を目指すこととなった。これまで何度となく、目にしていた光景。とはいえ、何もかもが刷新されて臨んだ今大会は、過去の敗戦の風景とは少し違った色合いに感じられたのも事実である。

続く第2試合は、ともに1勝1敗同士の高知と京都による「勝ったほうが昇格」という、極めてテンションの高い一戦となった。2戦目に敗れて後がなくなった京都は、ガーナ人3人をあえてベンチスタートにすることを選択。対する高知は、初戦の敗戦からすっかり立ち直り、序盤から猛攻を仕掛けていく。

実は両者は、高知での1次ラウンドでも対戦しており、この時は京都が2対0で勝利。しかし、過去のデータがまったく意味をなさないのが、地域CLの怖さである。高知の無骨な闘争心は、京都の抜け目なさを無効化し、終わってみれば3対1の完勝。最後の昇格枠は、逆転で高知が掴み取った。

かくして、今年の地域CLは全日程を終えることとなった。

最終順位は、1位いわきFC、2位高知ユナイテッドSC、3位おこしやす京都AC、そして4位福井ユナイテッドFC。いわきと高知は来季、全国リーグのJFLを戦うことになる。あと一歩、届かなかった京都と福井については、来年この舞台での再会を切に期待したい。

試合後、表彰式が行われる。表彰状授与の際、主催者代表が発した「令和元年」というフレーズに、奇妙な感動を覚えた。

第1回の地域決勝が開催されたのは1977年、元号で言えば昭和52年だ。この時に優勝したのが、東海リーグに所属していた、ヤマハ発動機。現在のジュビロ磐田である。それから回を重ねて、今回が第43回。その間、時代は昭和から平成、そして令和へと移ろいでいった。

すべての取材を終えて、霧が立ち込める夜道を同業者と歩く。ありがたいことに、その日は最寄りのJヴィレッジ駅に常磐線が停まってくれた。平日は利用できない臨時駅で、オープンしたのは、今年の4月20日。改元直前だったので、平成時代に開業した国内最後の駅となる。平成最後の駅で噛みしめる、令和最初の地域CLの余韻。

「サンガはレイソルに1対13で負けたみたいですよ。レイソルのオルンガが8ゴールですって！　今日は京都のサッカーにとって災難な日でしたね」

スマートフォンをスクロールしながら同業者がつぶやく。そういえばJ2も、今日でレギュラーシーズンが終わり。来週にはJ3が、再来週にはJ1が閉幕する。全国津々浦々で、そしてさまざまなカテゴリーで、サッカーファンの悲喜こもごもを感じながら、いろいろあった2019年を想う。

五輪イヤーとなる来年も、私はこのカテゴリーを追いかけることだろう。多くのサッカーファンからは見向きもされず、ニュースバリューにも乏しく、ゆえにマネタイズが極めて困難な地域CL。それでも私は性懲りもなく、この過酷でドラマチックな大会の取材に訪れているはずだ。

第14章

# 蝙蝠と薔薇の街で胎動する「令和的戦略」

福山シティフットボールクラブ

――2020年・文月

久しぶりの長距離移動だった。

「長距離」といっても、新幹線のぞみで3時間40分弱。飛行機を乗り継いで、ヨーロッパやらブラジルやらに取材していた頃であれば、広島県福山市は「ご近所」という感覚だったはずだ。しかし、新型コロナウイルスの感染拡大によって、世界は激変した。

4月7日から5月25日まで続いた緊急事態宣言が解除され、都道府県境をまたぐ移動が全面解除されたのが6月19日。実に4カ月半ぶりとなる、新幹線による移動が実現したのは、7月3日のことであった。福山はあいにくの小雨模様で、福山城は少しけぶって見える。

1622年（元和8年）に築城され、日本百名城にも選定されている福山城。私はそれほど城に詳しいわけではないが、これほど「駅チカ」の城というものを他に知らない。ちなみに城がある場所は蝙蝠山《こうもりやま》と呼ばれ、蝠の字は福に通じることから、福山という地名につながってゆく。福山市の市章も、さながらバットマンのエンブレムのようなデザインとなっている。

もうひとつ、福山を象徴するのが、薔薇である。1992年から始まったばらサミット（ばら制定都市会議）は、福山市が全国に呼びかけて始まったもので、これまで当地では3回開催されている。その歴史は意外と新しく、「戦災で荒廃した街に潤いを与えよう」と1000本の薔薇を植えたのが1956年。市の花が薔薇に制定されたのは、85年のことである。

蝙蝠と薔薇。この相反するようなモティーフが、福山市のアイコンである。人口は県内2位の約47万人。県庁所在地にして最大の都市（人口約120万人）である広島市からは約100キロ離れている。福山市を中心とする備後都市圏は、中国・四国地方では岡山都市圏、広島都市圏、高松都市圏に次ぐ規模を誇り、広島市とは異なる文化圏を形成している。

そんな福山市から「広島県第2のJクラブ」を目指しているのが、広島県リーグ1部所属の福山シティフットボールクラブ。そのエンブレムには、蝙蝠と薔薇が描かれている。

それにしても、なぜ、福山にJクラブなのだろうか？

広島といえば、言わずと知れたサンフレッチェ広島がある。J1リーグ優勝3回、J2リーグ優勝1回。選手と指導者の育成で圧倒的な実績を誇り、幾多の優れた人材を日本サッカー界に送り込んできたのは周知のとおり。その存在感が大きすぎるあまり、サンフレッチェに続いて県内から上を目指そうとするクラブは、これまでまったく現れなかった。そうした中、にわかに注目を集めるようになったのが、福山シティFCなのである。

実は私は、福山には多少の土地勘はあった。FC今治の取材後、しまなみ海道を高速バスで移動し、福山から新幹線で東京に戻る機会がたびたびあったからだ。その時の印象からすると、福山市は広島市よりも、心理的には今治市や岡山市に近いように感じられる。駅前の風景を見ても、サンフレッチェやカープの影響は希薄。そんな福山に、Ｊクラブを作る。これを考えた人物は、かなりの知恵者に違いない。

「僕は広島市の人間なんですが、福山の人は地元のことを『誇れるものは何もない』とか『遊ぶ場所もない』とか言うんですよ。県外の人から出身地を聞かれて、『福山市です』って言える人もそんなに多くない。でも誇れるものがない土地ほど、Ｊクラブを作るのには立地として最高ですよね？　まさに、そこにピンと来たわけですよ。広島第2のＪクラブを作るのに、福山ほどふさわしい土地は他にない。あるなら逆に教えてほしいくらいです（笑）」

そう語るのは、福山シティＦＣ代表の岡本佳大、平成元年生まれの31歳である。彼こそが、私が言うところの「知恵者」。人口が47万人もあって、新幹線のぞみが停車して、それなりに観光資源もあり、独自の商圏と文化を有し、サンフレッチェやカープの熱からは遠い。「むしろなぜ、今まで福山にＪリーグクラブが生まれなかったのか。そっちのほうが不思議議でしたね」と若き代表は力説する。

その続きを聞く前に、本稿のもうひとりの主人公にも登場してもらおう。

「出身は、岡山県の倉敷です。地元の理学療法士の学校を出て、２００６年から千葉県の勝浦市でスポーツ整形外科の仕事を始めました。そこで3年働いてから横浜に移って、川崎フロンターレの下部組織のメディカルも担当していました。もともとJクラブのトレーナーになるのが夢で、3年間フルコミットすれば何とかなると思っていたんですね。そうしたら、たまたまファジアーノ岡山からお声がけいただいて、地元のクラブだったので二つ返事でしたね。それが2011年のことです」

クラブの副代表である樋口敦は、自らのキャリアのスタートについて、このように振り返る。岡本よりも6歳上の37歳。容貌も対照的で、全体にシュッとした感じの代表に対し、副代表は分厚い胸板と日焼けした太い二の腕が印象的だ。

実のところ、私が福山シティFCを意識するようになったのは、樋口の影響が大きかった。彼がSNSを通じて、盛んにクラブの活動や理念について発信していたのが、何となく視界に入っていたのである。ただ発信するだけではない。スポーツビジネス界隈のインフルエンサーたちとも、頻繁にやりとりしている様子がタイムライン上で散見されていた。

いくら「Jを目指している」と言っても、県リーグのクラブで、しかもビジネス畑ではなくスポーツ整形外科を出自としている樋口。なぜ彼は、憧れだったJクラブのトレーナーから、クラブづくりに転身を図ったのか。そこには、当人しか知らない挫折と迷いの日々があった。

「ファジアーノ時代は、自分のトレーナーとしての知識や技術のなさを痛感することが多かったですね。特にショックだったのが、グロインペイン症候群の選手を完治できなかったこと。治ったと思っても、すぐに戻ってくるということを繰り返して、その選手は契約満了になってしまったんです。僕自身、ものすごく責任を感じました」

結局、岡山でのトレーナー生活は2年で切り上げることとなり、その後は東広島の大学院でグロインペイン症候群を研究している教授に師事するも、こちらも修了まで半年を残して辞めている。この時期、さまざまな逡巡があったのだろう。

「これは一般論として聞いてほしいのですが」と釘を差した上で、樋口は続ける。

「Jクラブの場合、メディカルスタッフが『本当はリハビリにこれだけの期間が必要』と思っても、どこかで監督やコーチに忖度しないといけない時ってあるんですよね。圧の強い監督から『ちょっと早めに復帰させてもいいよな?』と言われたら、それに抗うのは難しい。ファジにいた頃の僕は一番下っ端でしたけど、いつかJクラブのチーフトレーナーになったら、自分が考える最高のメディカルメソッドを提供して、日本で一番怪我が少ないチームにしたいと思っていました」

樋口が岡山を2年で去ったのには、実はもうひとつ、キャリアに関する迷いもあった。いわく「アスリートと一緒で、僕らトレーナーもクラブから離れると、キャリアが分断されるんです」。樋口によれば、Jクラブを離れた先輩トレーナーの進路は、自分で開業するか、クリニックに戻るか、大学の先生になるかの3パターンしかないという。

「でも、40歳を過ぎてから開業するのって、ものすごく大変だと思うんですよ。お金のことも、事業のことも、マーケティングのこともわからない。40過ぎて、いちから勉強するのって、ものすごくハードルが高いと感じたんです。加えて、それまでトップアスリートと刺激的な仕事をしてきたのに、8時から17時の安定したクリニックの仕事をしながら社会に何かを還元できるかというと、自分にはちょっと自信がなかったですね」

Jクラブのトレーナーになれば監督の意向を無視できず、Jクラブを離れれば難しいキャリアの岐路に立たされる。葛藤する樋口の中で、「既存のJクラブに頼らないやり方もあるのではないか」という発想が芽生える。

「最高のメディカルメソッドを提供して、日本で一番怪我が少ないチームを作るんだったら、既存のJクラブに入るのではなく、下のカテゴリーから上がってくるクラブをリノベーションしたほうがいいかなって考えるようになりました。そんな時に、岡本から連絡が入ったんです。『福山で一緒にJクラブを作りませんか?』って。それが2年前の12月。あまり考えずに『じゃあ、やる!』って言ったのを覚えています（笑）」

のちに福山シティFCの代表と副代表となる岡本と樋口。ふたりが最初に出会ったのは、岡本が23歳、樋口が30歳の時だったという。サッカー談義をしているうちに、実は中国リーグで何度かすれ違っていたことを知る。樋口がファジアーノ岡山ネクストに帯同していた頃、岡本はデッツォーラ島根でプレーしていた。もっとも岡本自身、選手として上を目指すことは、あまり真剣には考えていなかったようだ。

「小学3年からサッカーを始めて、広島観音高校2年の時にインターハイで優勝。広島修道大学でもサッカーを続けて、国体や大学選抜にも入っていました。その頃はJリーガーを目指していましたが、当時はJ3がなかったので、J2の上位クラブに入団できなければ諦めるつもりでいました。サンフレッチェ、ギラヴァンツ（北九州）、愛媛FCの練習にも参加させていただきましたが、引っかかりませんでしたね。社会人1年目と3年目の時、デッツォーラでプレーしましたが、それで僕の選手生活は終わりです」

就職先は、大手印刷会社。香川で営業を担当したり、岡山の紳士服店の売り上げに貢献したり、それなりに充実した仕事ぶりだったようだ。当人いわく「個人で7億円くらいの売り上げはあったんですが、当時の年収は400万円もなかったですね。せめて売り上げの1割でも自分に入ってくる仕組みがあればと思いました」。結局、26歳で退職。「いろいろ社会の仕組みを学ぶ機会になりましたね」と振り返る。

「会社員を3年経験して思ったのは『この仕事は、自分でなくてもできるよな』ということでした。では、自分にしかできない社会貢献は何かと考えた時、やっぱりそれはサッカーしかない。ただし指導者には興味がなかったので、広島市内にある子供たちのサッカークラブのオーナー権を買い取って、借金を返しながらの運営をスタートさせました。子供たちの本質を知り、いかにサッカーとマッチングさせて、言語化していくか。そういったことを試行錯誤していくうちに、自分なりの経営理念が磨かれていきましたね」

岡本がオーナーとなった広島八幡フットボールクラブは、今も地域に根ざしながら成長を続けている。しかし当人は、そこで満足するつもりはなかった。

次の目標は「30歳までに自分のクラブを持ち、Jを目指す」こと。広島生まれ、広島育ちゆえに、県内でそれを目指すのは大前提。ただし地元には、あまりにも巨大すぎるサンフレッチェ広島があるので、最初から広島市は除外対象だったという。

「そもそもスタジアムひとつとっても、サンフレッチェでさえあれだけ苦労したわけですから。しかもカープもあるし、Bリーグのドラゴンフライズもある。はっきりいって、プロスポーツに関しては飽和状態だったんです。もっと視野を広げようと、他の地域も検討してみました。廿日市市、呉市、熊野町。そうした中で、僕の目に留まったのが福山市だったんです」

冒頭でも触れたように、福山市は県内2位の人口規模があり、備後地方独自の商圏と文化があり、サンフレッチェやカープの影響力も薄い。さらに岡本に勇気を与えたのは、当地にはスポーツで地域を盛り上げるために、地元の青年会議所が立ち上げた『福山スポーツコミュニティクラブ（福山ＳＣＣ）』なる任意団体が存在していたことだ。

「福山ＳＣＣが設立されたのは２０１５年ですが、サッカーのトップチームができたのは17年。それまでの2年間は、地域に根付くための活動に専念していて、特にサッカーに特化していたわけでもなかったようです。17年は広島県東部の3部からスタートして、要するに県リーグのさらに下の『J10』ですよね。でも広島独自のルールがあって（笑）、われわれが関わるようになった19年は、広島県2部になっていました」

昨シーズンは地力の差を見せつけ、県2部で11試合全勝、得点107、失点5という圧倒的な数字を残して優勝。軽々と県1部に昇格した。そして同年11月18日、岡本と樋口は福山市内で会見を開き、クラブ名を福山シティフットボールクラブと改めることを発表。蝙蝠と薔薇を配した新エンブレムもお披露目した。

当時のSNSの情報を拾い集めてみると、県リーグとは思えない熱量がほとばしっているのを感じる。しかし、すでに試練の火種は、この時から燻り始めていた。

香港のサウスチャイナ・モーニング・ポスト電子版は3月13日、最初の新型コロナウイルスの症例が、19年11月17日に認められることをスクープした。福山での会見の、まさに前日のことである(当初の中国政府の見解では、初めての症例は「12月8日」とされ、公式に「人から人への感染」を認めたのは、年が明けた1月20日のことであった)。

のちに「COVID－19」と命名される新型コロナウイルスが、自分たちの夢の第一歩に大きな影響を及ぼすことを、岡本も樋口もこの時は知るよしもなかった。

福山SCCから福山シティFCへ。それは、単なるリブランディングの話ではとどまらない。

代表の岡本は「2019年で土台を作り、今年は勝負の年と捉えていました」と語る。練習拠点を広島市内から福山に移し、選手の住環境や雇用先も確保した。スポンサー企業の数

FUKUYAMA
12
12
FUKUYAMA CITY
FOOTBALL CLUB

も、前年の60社から倍の120社に増加。クラブの年間予算についても、1000万円から8500万円という着地点を設定していた。しかし、突然の暗転。

「新型コロナの影響で、決まりかけていたユニフォームスポンサー案件が相次いで白紙となって、5000万円が吹き飛ぶこととなってしまいました。もう、頭の中が真っ白になりましたよ。加えて今季は、積極的な選手補強をしていたのに、県リーグの開幕も不透明。今だから言えますが、一時は真剣にチームの解散も考えましたね」

それを思い留まらせたのは「先義後利」という、クラブが大切にしてきた倫理であった。意味は「道義を優先させ、利益を後回しにすること」。コロナ禍で苦しんでいるのは、自分たちだけではない。ならば、まずは先義後利に振り切って行動しよう。そして振り切った先に、光明があるのではないか——。幸い、副代表の樋口も同意見だった。

さっそく取り組んだのが、経費の削減。人件費や諸経費を極限まで切り詰め、事務所の家賃も無料にしてもらった。その一方で、持続化給付金をはじめ、県や銀行からも協力金や融資を引き出すことに成功。まだ実績もないクラブに対して、地元の行政も経済界も大いに期待を寄せていたことが窺える。

各方面に頭を下げまくった甲斐もあり、何とかクラブ存続の目処は見えてきた。しかし、どうしてもあと500万円が足りない。そこで樋口が提案したのが、クラウドファンディング。当人の説明を聞こう。

「僕のSNS上での知り合いなんかだと、クラウドファンディングで資金調達に成功している人がけっこういたんですよね。ツイッターのフォロワーが9000人で、1300万円集めた美容院のオーナーもいました。そうした事例を身近に知っていましたから、僕らのクラブにも可視化されていないファンが絶対にいると思っていましたし、500万円なら絶対に行くだろうという目算もありましたね」

代表の岡本と副代表の樋口には、明快な役割分担がある。幅広いネットワークを駆使して、さまざまな情報やアイデアや人材を調達するのが樋口。それらを精査し、具体的に事業に落とし込んでいくのが岡本。今回のクラウドファンディングについても、樋口が全体のフレームを提案し、文面やデータについては岡本が担当した。再び、樋口。

「クラウドファンディングは、実はリターン設定が非常に大切で、Tシャツなどのグッズは送料などのコストもかかります。なるべくコストをかけず、なおかつ支援者の皆さんが県リーグ時代から応援している証しとなるものをリターンしたほうがいいのではないか。だったらグッズよりも、価値のリターンをしていこうということになりました。その具体例のひとつが、ユニフォームのスポンサーになっていただく、というもの。実は100万円のパンツのスポンサーは、すでに決まりました」

クラウドファンディングがスタートしたのは、6月9日。目標金額について、樋口は1000万円を主張したが、達成できなければゼロとなるルールがあったため、500万円に落ち着いた。実際に蓋を開けてみると、わずか3日目で500万円を達成。セカンドゴールとして、新たに800万円に設定したが、これも7月15日にクリアした。同時期、関東リーグ1部の東京23FCも、同じく500万円を目標にクラウドファンディングを行っている。達成できたのは、開始から39日目。まさに最終日ギリギリのタイミングであった。

最初の目標達成の感慨について、岡本はこう語る。

「あの時は『ありがとう』や『感謝』以上の言葉が思い浮かびませんでしたね。おそらくご支援いただいた方々は、僕らが発信してきたビジョンや理念に共感して、われわれが福山で作ろうとしている未来、あるいは日本サッカー界の未来のために投資していただいたのだと思っています」

福山シティFCのクラウドファンディングは、7月31日に終了。支援総額は876万円、支援者数は535人であった。特徴的なのは、県外からの支援者も多かったこと。しかもFC今治やガイナーレ鳥取やファジアーノ岡山FCといった、他クラブのファンやサポーター、さらには現役選手やクラブスタッフからの支援もあったそうだ。

なぜ広島県1部のクラブが、他クラブの関係者から支持され、愛されるのか。これについては、のちほど考察することにしたい。

ここまで読み進めてきて「肝心のフットボールの方は、どうなんだ?」と思われた方もいることだろう。広島県1部リーグが開幕したのは、私が福山に訪れてから9日後の7月12日。よって、試合そのものは見ていない。その代わり、監督には話を聞くことができた。

樋口から紹介され、最初は「選手かな」と思っていたら、今季から指揮を執る小谷野拓夢だという。金沢の北陸大学を出たばかりの22歳。どおりで、若いはずだ。

「出身は、茨城県の潮来市です。北陸大を選んだのは、日本で唯一、クーバー・コーチングライセンスが取得できたから。それとC級（指導者ライセンス）と教員、健康運動実践指導者の資格も在学中に取得しました。選手としてもプレーしましたが、3年の夏以降はずっと指導者一本です。岡本さんからオファーを受けたのが、去年の8月。下部組織からの一貫したクラブ作りという考え方に惹かれて、卒業式も出ずに1月からこっちです（笑）」

この若い指導者を岡本と樋口に推薦したのは、クラブの外部テクニカルアドバイザー、清水智士と脇真一郎である。清水はデータ分析の専門家で、ユン・ジョンファンの下でサガン鳥栖や蔚山現代FCのテクニカルコーチを歴任。脇は、和歌山県立粉河高校で世界史を教えながら同校のサッカー部を指導し、ゲームモデルの論客としても知られる。もともと両者と親しかった樋口が、新監督に求めた条件はこのようなものであった。

「まず、若い指導者であること。今年、林舞輝さんが25歳で奈良クラブの監督に就任しましたが、サッカー界にあっと言わせるような新世代の人材を起用したかったんです。もちろん、サッカーをよく知っていて、先を見据えたビジョンを持っていて、ここからのし上がっていこうとするマインドも持っていてほしい。何人かピックアップしてもらって、こちらから課題を出したり面談をしたりして、最も評価が高かったのが小谷野でした」

一方の岡本は「樋口ともよく話しますが、実はわれわれの最終到達点は、日本代表のワールドカップ優勝に貢献することなんですよ」。何やら随分と大きな話になってきた。

「そのためには良い選手を育てる以前に、指導者育成について真剣に考えていかないといけない。サンフレッチェは、確かに素晴らしい指導者をたくさん輩出していますが、やっているサッカーが一貫していたかというと、そんなことはなかったわけです。監督が代われば、サッカーも変わってしまう。われわれは後発の強みを生かして、今のうちからクラブの目指すべきサッカーを構築しようと考えています。誰が監督でも、誰が社長でも、ブレないサッカー。それを具現化するために、小谷野に来てもらうことにしました」

どうやら福山シティFCというクラブは、選手よりも指導者を育てるほうに関心があるようだ。さらに質問を重ねていくと、指導者養成をビジネスのチャンスと捉えている節も見られる。外部スタッフとはいえ、清水と脇という「戦術クラスタ」にはよく知られた人材を確保していることからも、そうした戦略がうっすらと見て取れよう。そんな私の指摘を認めた上で岡本は、クラブのさらなる野望を披瀝してみせた。

「何度もたとえに出して恐縮ですが、サンフレッチェは育成型クラブではありますけれど、指導者養成のところで上手くいっているかというと、必ずしもそうではないと思っています。われわれはアカデミーを立ち上げる前に、まずは指導者育成をきちんとやっていこうということで、30人くらいの優秀な若い指導者を囲い込んでいます。その中から絞り込んだ人材をアカデミーに投入しつつ、すでに福山と東京と大阪で指導者養成講座をスタートさせています。もちろん、ウチの主催です」

福山シティFCについて、当初の私の認識は「ブランディングの打ち出し方が上手いクラブ」というものであった。その見立て自体は間違っていないのだが、フットボールについても「指導者育成」をアピールポイントとして、ビジネスの可能性を広げようとしている。このあたりの戦略は、『岡田メソッド』を前面に押し出したFC今治に近いものが感じられる。

もっとも彼らには、元日本代表監督のような名前や実績があるわけではない。むしろそこには令和時代らしい、新しいクラブづくりの息吹が感じられる。

実際のところ、福山シティFCでは「令和型戦略」が合言葉となっている。

このコロナ禍で、従来のスポンサーシップが通用しなくなりつつあるのは、どのクラブも多かれ少なかれ感じているところだろう。そんな中で福山シティFCは、新興クラブゆえに、従来とは違った戦略をコロナ以前から模索していた。そして図らずも、今回のクラウドファンディングが「その実証実験の場となった」と岡本は言う。

「地方クラブがJを目指す場合、これまでなら行政や政治家とのコネクションは大事だったと思うんです。でも、今の時代はSNSもあるし、リモートワークで距離も関係なくなりました。

そうなると地元の福山だけでなく、全国を市場として捉えることが可能となります。コロナで失われた5000万円も、東京の企業から募って、そこで得られたお金を福山に還元することだってできるわけです」

その上で「僕たちの試みが、他の地方のクラブの参考になればうれしいですね」とも。

IT系のベンチャー企業に買われた、Jクラブの社長が言うのならわかる。まだ何も実績のない県リーグのクラブで、しかも代表者は平成生まれ。「生意気だ」と叩かれるのではないかと、いささか心配にもなる。しかし先述したとおり、今回のクラウドファンディングでは、他クラブの関係者からの支援も少なくない。その理由についての、岡本の見立てはこうだ。

「われわれは後発組で、しかも県リーグというカテゴリーですから、得をしている部分はあると思っています。この中・四国エリアでいえば、まずサンフレッチェ広島という大先輩がいて、それに続くのはファジアーノ岡山やガイナーレ鳥取、そしてレノファ山口やFC今治。僕らが一番のひよっ子なので、『頑張れよ！』と言ってくれるのかなと。ある意味、かわいい弟分みたいに感じられるんでしょうね（笑）」

なるほど「かわいい弟分」か。マスコット界隈で言えば、さしずめ「弟キャラ」で人気を博した、V・ファーレン長崎のヴィヴィくんのイメージであろうか。

カテゴリーははるかに下でありながら、崇高な理念を掲げつつ斬新なアクションを起こし、それらを常に発信し続けている福山シティFC。とりわけ、J3に昇格したばかりのFC今治の関係者ならば、かつての自分たちの姿を重ねながら応援したくもなるだろう。

もっとも福山シティFCの場合、今治のような「可能な限り速やかにJリーグへ」という熱量は希薄である。Jリーグへのアプローチについては、福島県3部から着実にステップアップしてJFLに到達した、いわきFCのほうがむしろ近いように感じられる。Jリーグのルールが及ばないカテゴリーで、独自のアイデアを思うままに実現させながら、じっくりとブランディングを構築していく。その一例が、独自のビールづくり。こちらは樋口に説明してもらおう。

「備後福山ブルーイングカレッジという蒸留所と組んで、クラブのオリジナルビールの開発を進めています。ただウチの名前でビールを出すんじゃなくて、サポーターにも意見をもらいながら、一緒に作っていくイメージですね。目的はいろいろあって、まず『福山といえばビール』というブランディングを、今のうちから積み重ねておきたい。それと将来、僕らのスタジアムが完成したら、ぜひ皆さんに飲んでいただきたい。サポーターと一緒に作っているわけですから、みんな自分ごととして買ってくれると思うんですよ」

このビール開発を皮切りに、今後はD2Cのマーケット開拓も手掛けていくそうだ。D2Cとは、製造者が直接消費者と取引を行うビジネスのこと。県リーグ時代から、福山シティFCのブランド価値を高めていけば、さまざまな商品の開発や展開が可能となる。

「きちんとしたストーリーを作って、商品を効果的にSNSで紹介していく。そうすればクラブの規模やカテゴリーに関係なく、ある程度の売り上げは作れると思っています」

確信めいた表情で、そう語る樋口。これも、彼らが言うところの「令和型戦略」なのだろう。

取材を終えると、岡本と樋口が食事に誘ってくれた。居酒屋で乾杯するのは、いつ以来だろうか。お好み焼きから立ち上るソースの香りを楽しみつつ、先ほどのインタビューから一転、今度は私が若いふたりから質問攻めに遭う番である。特に彼らが知りたがったのが、これまで私が取材してきた地域CL（全国地域サッカーチャンピオンズリーグ）や、そこから昇格していったクラブに関することであった。

私の思い出話に、岡本も樋口も熱心に耳を傾けてくれた。だが、今回の出会いで多くの学びを得たのは、むしろこちらのほうである。これまで15年にわたって、地域リーグからJFLへ、さらにはJリーグまで到達したクラブをいくつも見届けてきた。しかしながら、時代は確実に変わりつつある。

蝙蝠と薔薇の街にて、新たな時代の息吹を、間違いなく感じ取ることができた。


［付記］福山シティフットボールクラブは、2020年の天皇杯に広島県代表として出場。

# 第15章

# 多様性の街から「世界一のクラブ」を目指す理由

クリアソン新宿

――2020年・文月～葉月

「今日の協議を受けて、濃厚接触の判定タイミングなどから、試合を行わないことを確認しました。本日中止した試合の代替日程に関しては、なるべく速やかに状況を注視しながら判断してまいりたいと考えています」

新型コロナウイルスの影響によって、再開後のJリーグで初めての試合中止が発表されたのは、7月26日のことであった（カードはサンフレッチェ広島対名古屋グランパス）。

リモート会見からは、村井満チェアマンの微かに落胆した様子が窺える。4カ月の中断期間を経て、満を持して再開されたJリーグ。だが、どんなに細心の注意を払ってもゼロリスクとはならない現実を、サッカーファンはまざまざと見せつけられることとなった。

その前日の7月25日、私は久々に関東リーグ1部の試合を取材していた。ブリオベッカ浦安競技場にて、18時より行われたカードは、クリアソン新宿対東京ユナイテッドFC。地域リーグの場合、事前に連絡しなくても取材を断られることはまずないが、今回は「コロナ対策」ということで申請が必要だった。受付で名前を伝えると、まず検温と掌の消毒。そして直近の体調不良や海外渡航歴の有無を問われる。

「すみません、ご面倒をおかけして。私たちも初めてなもので」

受付の女性スタッフにそう言われて、かえって恐縮する。関東リーグは当面の間、無観客のリモートマッチ。ピッチ上では、クラブカラーが紫のクリアソン、そして黄色いセカンドユニフォームを着たユナイテッドの選手たちが、小雨の中でアップを続けていた。

今季の関東リーグは前期リーグが中止となり、7月19日の後期リーグからスタート。ユナイテッドは流通経済大学ドラゴンズ龍ケ崎に2対0で勝利していたが、クリアソンはVONDS市原FCとの試合が延期となり、開幕戦は6日後のこの日に持ち越しとなった。

延期の理由は、クリアソンの選手が保健所から「新型コロナの濃厚接触者である」との認定を受けたからだ。当該選手はPCR検査を受け、結果は陰性。しかしリーグ側は、その結果が出る前日の夜に試合の延期を決定した。

延期と中止という表現の違いこそあれ、「コロナで試合が行われない」というアクシデントは、実はJリーグに先駆けて地域リーグで起こっていたのである。その当事者となってしまった、クリアソン新宿。今季から関東1部を戦う、大学OBチームを出自とするこのクラブこそ、今回の私の取材対象である。

ここ最近、「東京からJを目指す」クラブが相次いで誕生している。興味深いのは、その多くが東京23区内をホームタウンとしていることだ。東京ユナイテッドFCは文京区、そのライバルである東京23FCは江戸川区。さらに下のカテゴリーに視線を向けると、東京都1部の南葛SCは葛飾区、2部の東京シティFCは渋谷区。そんな中、クリアソンは「東京」ではなく、あえてクラブ名を「新宿」としている。

新宿という街が全国的に知られるようになったのは、1960年代後半というのが定説となっている。そのパブリックイメージは「前衛」「若者」「革命」であった。

唐十郎が新宿の花園神社境内に、伝説的な紅テントを張ったのは67年8月のこと。新宿駅西口地下広場にて、反戦フォークゲリラが警察によって排除されたのが69年6月。その3カ月後には、藤圭子が『新宿の女』でデビューした。70年代から80年代にかけて、新宿は『太陽にほえろ!』のロケ地としてお馴染みとなり、高層ビルをバックにマカロニやジーパンやテキサスが疾走。90年代には、大沢在昌のハードボイルド小説『新宿鮫』シリーズが一斉を風靡し、真田広之の主演で映画にもなった。

そして、2020年代。新宿のパブリックイメージは、残念ながら「新型コロナ」一色で塗り潰されてしまう。

西新宿の都庁では「女帝」と揶揄される都知事が「夜の街は控えて」を連呼し、歌舞伎町をはじめとする歓楽街の客商売は壊滅的な被害を被った。徒歩20分圏内のエリアで、為政者が身近な仮想敵を叩きまくるグロテスクな構図。そんな状況がメディアに流布され、新宿にはコロナの負のイメージが、べっとりと塗りつけられて今に至っている。

試合は、58分の先制ゴールを守り切ったユナイテッドが、1対0で勝利した。それほど地力の差は感じられなかったが、トレーニング期間が極端に限られていたクリアソンは、明らかに不利に感じられた。今季の関東リーグは、後期9節のみで順位を決定する。加えて関東1部は、上がる気満々の強豪がひしめく激戦のリーグ。2部から昇格したばかりのクリアソンにとっては、厳しい現実を突きつけられた開幕戦となった。

クリアソン新宿のオフィスは、東京メトロ丸ノ内線の新宿御苑が最寄り駅。この界隈は、個人的にいろいろと思い出がある。大学浪人時代の2年間、近くにあった新宿美術学院に通っていたからだ(今は西新宿に移転している)。当時のことを思い返しながら、クリアソンのオフィスが入ったビルに到着。クラブ代表の丸山和大が笑顔で迎えてくれた。

クリアソン新宿が設立されたのは2005年。立教大学のサークル活動でサッカーをしていた仲間たちが、卒業後もプレーを続けることを目的に作られた。この時、丸山は大学3年。翌年に卒業すると大手商社に就職し、2年間は大阪勤務だったため、いったんはチームから離れている。東京に戻ってきた08年から、再びクリアソンに深くコミットするようになり、09年に東京都リーグ4部に加入。それから11シーズンかけて、関東1部にまで到達した。

「クリアソンという名前は、僕らの理念である『感動を創造する』が由来です。『創造＝CREATION』のポルトガル語ですね。何となく響きも良かったので決まりました。クラブカラーの紫は、母校の立教大学サッカー部のイメージもありました。僕自身は体育会ではなかったのですが（笑）。でも、それ以上に重視したのが、赤と青を混ぜた色であったこと。さまざまな価値観を受け入れる象徴として、紫に行き当たりましたね」

そう語る丸山が、09年からブレずに保ち続けた目標があった。それは「2025年までに世界一のクラブを作る」というものである。「何年までにJリーグ」ではなく「16年後には世界一」。それは20代の若者が、向こう見ずな情熱に任せて広げた大風呂敷のようにも感じられるかもしれない。だが、丸山は本気であった。

それまで「同好会のOBチーム」として活動してきたクリアソンが、明確にJリーグを目指す契機となったのは、都リーグ2部だった12年のことである。1部昇格の夢が事実上絶たれた時、このまま商社勤務を続けていていいのだろうかという疑問が、丸山の中に生じた。その日の夜はまんじりともせず、次の日に上司に退社の意思を伝えたという。

「結局、強く慰留されて、退職したのは半年後でした。クラブを運営する株式会社クリアソンを立ち上げたのが13年の4月。本当は14年に起業しようと思っていたんですが、1年前倒しになりましたね。その間に3人の仲間と、毎日のように早朝ミーティングをやっていました。何のために起業してJを目指すのか？　スポーツを通してどんな社会貢献ができるのか？　最初から会社組織にしたのも、ただ金儲けをするためではなくて、永続させる仕組みをきちんと作っておきたかったからです」

新会社の登記は、最初は自宅があった品川区の大崎。13年8月には、日本ブラインドサッカー協会（ＪＢＦＡ）のオフィスをシェアする形で、新宿区百人町に移った。現在の場所に転じたのは、17年11月。ただし新宿を選んだのは、単にＪＢＦＡとのオフィスシェアが理由ではなく、熟慮の末の決定だったと丸山は強調する。

「フットボールとビジネスを両立させるなら、やっぱり東京、それも23区がマストでした。ならば、どの自治体が自分たちのコンセプトに合致するか。すべての区の政策をチェックして最も響いたのが、多様な人たちが互いの強みを活かし合う、新宿区の考え方でした。新宿にはオフィス街もあれば、繁華街もあれば、学生街もあります。加えて、人口の13％近くが外国籍の人たちなんですね。クラブが目指す世界観や価値観に、最も近いと感じました」

その土地に「Ｊを目指すクラブ」が生まれる場合、まず重視されるのがフットボールの土壌や地域住民の機運といったものである。ところがクリアソンが優先したのが「自分たちのコンセプトに合致する」こと。その発想自体は新しく、素晴らしいとも思う。だがここで、冷や水を浴びせるような指摘をせざるを得ない。すなわち「スタジアムはどうするのか？」である。

新宿区には、Ｊリーグ開催基準を満たすスタジアムがない。また、建設可能な土地があるとも思えない。Ｊリーグどころか、関東リーグを開催できるグラウンドの確保さえ難しい。私がそう指摘すると、丸山は「新国立競技場は新宿区ですよ」と返し、こう続ける。

「要するに、箱が先かコンテンツが先か、という話ですよ。その箱を何とかするために、苦労してきた先達の皆さんの姿を、これまでたくさん見聞きしてきました。結果として、クラブの大切な部分が見失われてしまったら、それこそ本末転倒です。箱ありきではなく、クリアソンというクラブが生み出す価値というものが地域に認められれば、いずれは『スタジアムを作ったほうがいいんじゃないか』とか『新国立があるじゃないか』といった機運が高まっていくかもしれない。そちらのほうが、僕は本質的だと思うんですよね」

現在、クリアソン新宿の所属選手は26名。そのうち3名が大学生で、残り23名のうち10名は株式会社クリアソンの社員である。上を目指すアンダーカテゴリーのクラブは、プロ選手を何人も抱えるほど経営的な余裕はない。そこで選手の生活費を捻出するため、クラブが地元スポンサー企業に働き口を斡旋することが多かった。

しかし最近は、選手の雇用の形も多様化し、働くことに意義を感じながらプレーを続ける選手も増えてきている。クリアソンは、まさにその典型例と言えよう。

ここで、ふたりの社員選手に登場してもらおう。チーム最古参の剣持雅俊、36歳。そしてキャプテンの井筒陸也、26歳である。剣持は、桐蔭学園高校サッカー部で丸山と同期。社会人になって再会し、クリアソンの立ち上げにも大きく関与した。そして09年に都4部に参加したのを機に、高校時代で区切りを付けていたサッカーを再開して今に至っている。一方の井筒は、関西学院大学からJ2の徳島ヴォルティスに入団。3シーズンプレーしたのち、昨シーズンに関東

2部だったクリアソンにやって来た。

「カテゴリーが上がるたびに、対戦相手のレベルも上がってきている実感はあります。僕自身、8年間のブランクがありましたけれど、25歳から36歳までずっと右肩上がりです(笑)。ここまでサッカーを続けてこられたのは、常に自分自身と向き合える環境があるから。毎年のように、自己評価と相対評価を繰り返してきた結果だと思っています」(剣持)

「新宿でサッカーを続けるのは、確かに大変なことですが、自分たちでクラブを作っていく楽しさというのは感じています。それに僕らは、ただ勝ち続ければいいというわけではない。どういうサッカーをすれば、見ている人たちが豊かになれるのか、そこまで考える必要がある。そこに難しさと面白さがあると思いますね」(井筒)

草サッカーレベルの都4部からステップアップしてきたアマチュア選手と、2年前までJ2でレギュラーを張っていた元プロ選手が、同じ関東1部のピッチでプレーしている。まさに、クラブの多様性を具現化するようなストーリーではないか。そしてピッチを離れると、両者はクリアソンの社員としても活躍している。役員である剣持は、兼任するJBFAダイバーシティ事業部長として、企業向けのブラインドサッカー研修会を開催。一方の井筒は、広報やPRといったクラブのブランド戦略に関わっている。

ちなみに剣持は、高校時代は国体メンバーに選ばれた経験があり(藤本淳吾とプレーしたそうだ)、Jクラブからのオファーを蹴って大学に進学。大手の外資系転職エージェントに勤務後、

13年に丸山とクリアソンを共同創業している。一方の井筒は、徳島に入団した1年目こそ出番はなかったものの、2年目は21試合、3年目は33試合に出場。新たな契約を提示された時、「新しいことをやりたいのでJリーガーを辞めます」と宣言して、クラブ側を大いに慌てさせたそうだ。当時の心境について、井筒はこう語る。

「大学時代から『何のためにサッカーを続けるのか』を考える習慣があって、それはクリアソンの影響でした。ちょうど会社が事業を始めたばかりの頃、学生向けのリーダー研修でウチの大学にも来てくれたんです。ものすごく感銘を受けましたね。ですから、Jリーガーを辞めてビジネスにチャレンジするんだったら、クリアソンに就職することも選択肢のひとつでした。それで丸山さんにお会いしたら『Jリーグで培った経験を、新宿のために活かしてほしい』と言われて、サッカーは続けることにしたんです」

井筒のように「Jリーガーになることがすべてではない」と考える選手を、「第3世代」と命名した人物がいる。長年にわたり、アスリートのキャリア教育プログラム事業に携わり、今はクリアソンで人材戦略室室長の肩書きを持つ、神田義輝である。第1世代や第2世代との違いについて、神田はこのように分析する。

「第1世代は、指導者や解説者、あるいはタレント業に転身する人が大半でした。それが第2世代になって、よりインテリジェンスの高い元Jリーガーが増えてきました。指導者や解説者をやりながら本も出している岩政大樹さんとか、引退後に電通に就職して早稲田（大学ア式蹴

多様性の街に「世界一のクラブ」を
作ることを夢見る、代表の丸山和大

球部）の監督になった外池大亮さんが典型例ですよね。そして今は、自分のキャリアを考えた上で、あえてプロを辞めるケースが出てきている。わかりやすく言えば『Ｊリーガーと三菱商事、どっちを選ぶ？』という話ですよ（笑）」

その上で神田は、「クリアソンは、キャリアの実験場になっている」とも。人材開発や組織開発の仕事に従事してきたからこそ、当人も壮大な実験に身を投じることに迷いはなかったのだろう。クリアソンには、神田のようなキャリアを持つスペシャリスト、あるいは誰もが知る大企業に勤めるビジネスパーソンが、副業やボランティアでも積極的に関わっている。

丸山が目指してきた「世界一のクラブを作る」という言葉の意味が、少しだけ見えてきたような気がした。

東京都民にとって、新宿ほど馴染み深い街はない。浅草やお台場や下北沢に行ったことがなくても、新宿であれば誰もが一度は足を踏み入れたことがあるはずだ。

その中心に位置する新宿駅には、ＪＲ、京王線、小田急線、東京メトロ、そして都営地下鉄が乗り入れ、１日の平均乗降者数は約３５５万人。これは横浜市の人口に近い数字で、世界一としてギネスにも認定されている。そんなわけで、われわれがまず思い浮かべる新宿のイメージといえば、やはり駅前の雑然とした風景であろう。

ところが、クリアソンのオフィス周辺を歩いてみると、新宿にも「生活感」というものがあることを強く実感する。不動産屋、定食屋、材木屋、その他さまざまな個人商店。路地に入れば、単身者専用のアパートもある。

「クリアソンには新宿区民が多いんですよ。自転車で出社する選手やスタッフも、けっこういますから」と語るのは、取材に同行してくれた広報の女性スタッフ。その日はクラブオフィスに集合して、地域パートナーのひとつである文明堂東京を訪れることになっていた。どちらも新宿一丁目にあり、徒歩で5分ほどの距離感である。

文明堂東京とは「カステラ一番、電話は二番、三時のおやつは文明堂」のCMでお馴染みのカステラのブランドである。発祥の地は長崎だが、創業者の実弟である宮崎甚左衛門が東京に進出したのが1922年。新宿に支店を出したのは33年のことであった。戦後は暖簾分けによる分社化が続いたが、大野(現・宮崎)進司が2005年に4代目社長に就任して、新宿文明堂と日本橋文明堂が合併。現在の文明堂東京となった。

誰もが知るカステラの老舗と、新宿からJリーグを目指すクリアソン。両者はなぜ、結び付くこととなったのだろうか。つい最近、姓を変えたばかりという4代目社長は「ブラインドサッカーがきっかけなんですよ」と、意外な事実を教えてくれた。

「実は私、東京商工会議所の新宿支部青年部で、幹事長をやっています。そこでブラサカ体験会を開催した時のファシリテーターが、クリアソンの剣持さんだったんですね。内容も教え方も素晴らしくて、そこからのお付き合いです。その後、弊社の近くに引っ越してくることになって、青年部としてもバックアップしていこうと。そしてクリアソンと一緒に、新宿の地域課題を解決していければと考えるようになったんです」

新宿の地域課題とは何か?

まず理解しなければならないのが、新宿区の成り立ちについてである。自治体としての新宿区が発足したのは、戦後間もない1947年。旧東京市の四谷区と牛込区、そして旧豊多摩郡の5町(内藤新宿町、淀橋町、大久保町、戸塚町、落合町)が合併して生まれた。オフィス街の西新宿、繁華街の歌舞伎町、エスニックな店が密集する大久保、江戸情緒が残る神楽坂、染め物で知られる落合、そして学生街の四谷や早稲田。これらはすべて新宿区内にある。

「前の世代の経営者になると、地域間のライバル意識みたいなものがあって、なかなかひとつにまとまらないという課題がありました。加えて新宿は、東京23区内ではダントツに外国人が多い。区内の人口の12・5%に当たる、およそ4万3000人と言われていて、国籍も130カ国を超えるそうです。結局のところ新宿の課題は、コミュニケーションに集約されるんですよね。地域をひとつにまとめる、あるいは外国人との接点を増やすための有効なコミュニケーションツールは何か? われわれの結論は、サッカーでした」

昨年には新宿区の主催で、7カ国対抗のフットサル交流会『新宿グローバルカップ』が開催され、当時関東2部のクリアソンも参加。地域や国籍を超えて、サッカーで新宿をひとつにする役割を立派に果たしている。そこに今度は、コロナの風評被害という、新たな地域課題が加わった。「残念ながら新宿には、負のレッテルが貼られてしまいました」と認めた上で、宮﨑はクリアソンへのさらなる期待を隠そうとはしなかった。

「弊社のカステラは、比較的お年を召した方がお買い上げになることが多いんです。それがコロナの影響で、新宿のデパートを訪れるご高齢のお客様も激減しました。そうした中、ここにJリーグを目指すクラブがあれば、周囲の視線も変わってくるかもしれない。願わくは、あの新国立でクリアソンの試合が開催されたら、言うことないんですけどね」

コロナの影響で延期になっていたVONDS市原FC戦は、8月9日に開催されることが決定。その前日に行われる、全体トレーニングを取材することにした。場所は、落合中央公園。妙正寺川と神田川が合流する落合は、昔から「染物の街」として知られ、両川沿いにはかつて300軒を超す染工房が集まっていたそうだ。

「23区内はサッカーをする環境が限られていますが、新宿区は輪をかけて少ないんですよね。最も大きいのが落合中央公園ですが、それでも公式戦ができるだけの広さはない。学校の校庭も少ないし、サッカーどころか身体を動かす環境そのものが少ないんですよ」

そう教えてくれたのは、クリアソンの神田である。彼は今、ジュニアユースチームの立ち上げに奔走していて、今年3月に41歳でC級ライセンスを取得した。「コロナがひどくなる前に取れてよかった」とは当人の弁だが、来年はグラウンドの確保に苦労することになりそうだ。

一方、トップチームのトレーニングは週3回。水曜日と木曜日は仕事が終わった夜、試合前日の土曜日は朝、基本的に落合中央公園で行われている。

この日の練習開始時間は午前9時だが、集合は8時。1時間早いのは、ピッチャーマウンドを全員で動かす必要があるからだ。そんな落合中央公園であっても、競争率はかなり高いと聞く。新宿区内のグラウンドが限られている上、野球でも使用するのだから当然であろう。

それでもクリアソンが、優先的にこのグラウンドを使用できているのは、彼らが「新宿区サッカー協会代表」として認められているからだ。都道府県協会や、サッカーが盛んな市の協会は知っていたが、新宿区にもサッカー協会があるとは知らなかった。

「新宿区のサッカー協会は北区と並んで、23区の中で最もしっかりしている組織だと思います。他の区ですと登録者数も限られていて、少年連盟だけとか社会人連盟だけみたいなことも少なくないようです。けれども新宿区の協会は、少年や社会人だけでなく、ジュニアユースやシニアや女子の連盟もあって、きちんとオーガナイズされています」

そう語るのは、クリアソン代表の丸山である。新宿区サッカー協会は、今年で50周年を迎えるというから、意外と歴史は長い。実質的な初代会長は夏山明という人物で、在日本大韓民国民団東京新宿支部の副団長であり、新宿区多文化共生まちづくり会議委員にも名を連ねている。そのあたりの経緯もまた、実に新宿らしい。現在、協会の会長を務める神田隆弘は、クリアソンのジュニアユース立ち上げに大きな期待を寄せていた。

「新宿区の子供の人口は、だいたい8000人くらい。そのうち1300人が登録してくれています。野球人口が600人くらいですから、倍以上いるんですよ。けれどもグラウンドがない。子供が中学に入ると、サッカーを続けさせたい親は、三菱養和（サッカークラブ）とかFC東京とかのセレクションを受けさせます。そんな状況が続いていたので、クリアソンのジュニアユースには期待していますね」

新宿で商売する人、あるいは新宿のサッカーを支える人、どちらにとってもクリアソンの存在は貴重である。地域性がバラバラな新宿をひとつに結束させ、さまざまな国籍の住民にフットボールという共通言語を与え、中学生年代の流出を押しとどめようとしているクリアソン。加えて今年は、コロナの風評被害払拭さえも期待されるようになった。

ホームタウンの新宿は、クリアソンに対して、いささか過剰な期待を抱き過ぎてはいないだろうか。一方の選手たちは、これだけ練習環境が厳しい中でも、不平ひとつ言わずに黙々とトレーニングを続けている。その非対称性を目の当たりにした時、何とも名状し難い複雑な気分になってしまった。

試合当日、東京駅から内房線直通の総武線に乗り換え、五井駅を目指す。到着後、グッドタイミングでバスに間に合うことができた。小金井市のわが家から、ドア・トゥ・ドアで2時間30分。ちょっとした旅行気分で、会場のゼットエーオリプリスタジアムに到着する。

ここはかつて、市原緑地運動公園臨海競技場と呼ばれ、「千葉」を名乗る前のジェフユナイテッド市原のホームスタジアムであった。現在の名称になってからは、地域CL（全国地域サッカーチャンピオンズリーグ）の決勝ラウンドの会場にたびたび指定され、最近ではFC今治とヴィアティン三重（16年）、コバルトーレ女川とテゲバジャーロ宮崎（17年）、松江シティFCと鈴鹿アンリミテッドFC（18年）が、ここからJFLへと巣立っていった。

現在は、VONDS市原FCがホームグラウンドとしているゼットエーオリプリ。しかしこの日のゲームは、クリアソンのホーム扱いとなっている。「地域リーグあるある」とも言えるが、要するにクリアソンには特定の試合会場がないため、千葉まで遠征してホームゲームを戦う必要があるのだ。

受付を終えた時、普段はJリーグを取材している同業者から声をかけられる。市原の岡山一成監督を取材するため、初めて関東リーグの現場に訪れたのだそうだ。

現役時代は「昇格請負人」として8つのJクラブを渡り歩き、Kリーグの浦項スティーラーズ時代にはFIFAクラブワールドカップにも出場し、JFLの奈良クラブでは「奈良劇場総支配人」の肩書きを与えられた。そんなユニークな経歴を持つ岡山が、鈴鹿でのコーチ修行を経て、今季から市原の監督に就任。しかも、この日が初陣である。クリアソンと出会わなければ、私もそちらのほうを取材していたかもしれない。

さて、強豪ひしめくことで知られる関東リーグ。流通経済大学ドラゴンズ龍ケ崎、そしてブリオベッカ浦安というJFLからの降格組に加え、上を目指すことを標榜している東京23FC、東京ユナイテッドFC、栃木シティFCといったクラブも近年は補強に余念がない。そんな中、昨年2シーズンぶり2度目の優勝を果たしたのが、VONDS市原FCである。得点源だったレナチーニョは退団したが、スタメンのほとんどは元JリーガーやJFL経験者。クリアソンにとっては、今季最大の難敵である。

無観客の中、16時にキックオフのホイッスル。市原は開幕戦ということもあり、試合の入り方に慎重さが感じられた。対するクリアソンは、前線にシンプルに蹴り込み、セカンドボールを奪ってチャンスを作ろうとする。前半のシュートは1本だけだったが、相手陣内で攻撃する時間を次第に増やしながら、堂々とした戦いぶりを見せる。前半は、両者スコアレスで終了。

しかしエンドが替わった後半、地力の差が一気に露呈する。49分、野上拓哉のミドルシュートが決まり、市原が先制。さらに58分には、クリアソンのDF米原祐が2枚目のイエローで退場となる。ベンチはすぐに対応するが、10人の相手に1点リードとなれば、市原にとっては十分すぎるアドバンテージだ。終盤のCKでは、GKの岩舘直も前線まで出てくるが、市原の緑の壁はあまりにも分厚かった。そしてタイムアップ。

クリアソンは開幕戦に続いて、またしても0対1のスコアで2敗目を喫することとなった。

ホームに到着した内房線の座席に腰を降ろし、出発するまでの間、ぼんやりと五井駅前の風景を眺める。一見して、特徴のない地方都市の風景。けれども私には、過去の地域CLの記憶と分かち難く結び付いている。歴代昇格クラブの歓喜の瞬間を思い出しながら、クリアソンにもそんな時が訪れるのかと、ふと思ってみる。

昇格1年目のクリアソンにとり、「地獄」とも言われる関東1部を突破するのは、やはり容易ではない。それでも的確な強化策を施し、十分な戦略を準備すれば、やがては市原のような地域CLの常連になれるかもしれない。首尾よくJFLに昇格すれば、今度は天然芝のグラウンドでのホームゲーム開催が求められよう。さらにJリーグ百年構想クラブを目指すならば、新宿のクラブというアイデンティティを捨て、どこかのクラブのように「東京」を名乗ることを余儀なくされるのかもしれない。

クリアソンが目指すのが「世界一のクラブ」であるのなら、私はむしろJリーグというカテゴリーにこだわる必要はないと考えている。関東リーグのまま「新宿を象徴するクラブ」として、世界一を目指すやり方があってもいい。

私自身、Jリーグの理念そのものには大いに賛同するが、それがすべてだとは思わない。Jリーグ参入の条件を満たすために、これまでクラブが培ってきたものを否定しなければならないのであれば、むしろクリアソンは別の道を探るべきであろう。

もうひとつ、考えなければならないのが「ウィズ・コロナ」の問題である。FC今治の代表、岡田武史は最近のインタビューで「もしもこのままコロナ禍が続いたら、スタジアムの考え方が根本から変わる可能性もある」と語り、そうなれば「Jのライセンス基準にも影響があるかもしれない」と指摘している。

これまでのスポーツビジネスは、いかにスタンドに密の状態を作るかが大前提であった。それが新型コロナの世界的な蔓延により、その大前提が音を立てて瓦解しつつある。

スタンドで観戦する観客は、選ばれたVIPと限られたコアサポーターのみ。5000人規模のスタジアムでも、10万人以上のファンがリモートで視聴して課金すれば、それがウィズ・コロナ時代のスタンダードとなるのかもしれない。そしてスポーツ観戦の「ニューノーマル」が定着すれば、今後はJリーグ参入のために巨大なスタジアムを作る必要さえ、なくなるのかもしれない。もし本当に、そんな時代が訪れたなら——。

これまでの価値観が根底からひっくり返って、クリアソン新宿が一躍、日本サッカー界のトップランナーに躍り出るのかもしれない。可能性は、決してゼロではないだろう。

なぜなら私たちは、まったく未来が予見できない、不確実性の時代を生きているのだから。

ASSETLEAD

11
ASSETLEAD
26
13
ASSETLEAD
9
27
ASSETLEAD
8

# ピラミッドの中腹での15年

## あとがきに代えて

ピラミッドの中腹あたりから日本サッカー界の現状、とりわけJリーグ参入を目指す地方クラブを取材するようになって、早いもので15年になる。その前史にまで視野を拡げれば、このカテゴリーの進化の過程を俯瞰することもできる。

1999年にJリーグがJ1・J2の26クラブになったことで、前身のJSL1部・2部に所属していたクラブの多くが、Jリーグに迎え入れられることとなった。そんな中、特定の責任企業もJSLの経験を持たないクラブの代表格が、アルビレックス新潟と大分トリニータ。どちらも2002年のワールドカップ開催地をホームタウンとしている。この世界規模のビッグイベントが日本で開催されなければ、おそらく20世紀のうちに新潟や大分にJクラブが誕生することはなかっただろう。

この両クラブを「第1世代」として、その成功例を夢見ながら「わが県初のJクラブを！」という動きが全国的に拡大。これが「第2世代」であり、松本山雅FCやV・ファーレン長崎などが該当する（まさに、私がこのカテゴリーの取材を開始した時期とも重なる）。

本書では、FC今治やいわきFCや奈良クラブを「第3世代」の旗手と位置づけていた。ところが、このコロナ禍で状況はさらに変化。2020年になって取材した、福山シティフットボールクラブやクリアソン新宿などは、さしずめ「第4世代」と言えるだろう。

一方で、JFLを戦う企業チームが相次いで消滅したこと、高齢化や人口減少といった地方が抱える課題に向き合うクラブが増えたこと、クラブ経営や選手のキャリアの考え方が大きく変化したこと、などなど。これらもまた、この15年の間で顕著になった変化である。

それらもひっくるめて、わが国におけるフットボールの「風土記」を目指したのが本書である。だが、取材から執筆に至る過程は、決して平坦な道のりではなかった。近年、われわれの発表の場はどんどん狭まっている。こうしたテーマを扱えるのは、もはや書籍というスタイルだけなのかもしれない。あらためて、本書の完成にご尽力いただいた皆さんに謝意を表したい。

株式会社カンゼンの石沢鉄平さん、株式会社アルビレオの西村真紀子さん、奥田朝子さん、イラストレーターのＡｋｉ Ｉｓｈｉｂａｓｈｉさん。そして取材先の各クラブの皆さんと、妻・晴子にも感謝します。ありがとうございました。


東京・西荻窪にあるコワーキングスペースにて　宇都宮徹壱

## 初出一覧

第1章　かくも厳しき全国リーグへの道　スポーツナビ（2016年）

第2章　親会社の都合に翻弄されて　フットボール批評 issue 15（2017年）

第3章　県1部からJリーグに「否」を叫ぶ　フットボール批評 issue 18（2017年）

第4章　女川町にJFLクラブがある理由　フットボール批評 issue 19（2018年）

第5章　ワールドカップとJFLをつなぐもの　スポーツナビ（2018年）
第6章　世界で最も過酷なトーナメント　フットボール批評 issue22（2018年）
第7章　サッカーを変える、人を変える、奈良を変える　フットボール批評 issue23（2019年）
第8章　アマチュア最高峰であり続けるために　フットボール批評 issue24（2019年）
第9章　最大の「Jクラブ空白県」でのダービーマッチ　宇都宮徹壱ウェブマガジン（2019年）
第10章　なぜ「71番目のクラブ」は注目されるのか？　フットボール批評 issue25（2019年）
第11章　北信越の「Fの悲劇」はなぜ回避されたのか？　宇都宮徹壱ウェブマガジン（2019年）
第12章　クラブ経営の「属人化」をめぐる物語　宇都宮徹壱ウェブマガジン（2019年）
第13章　令和最初のJFL昇格を懸けた戦い　宇都宮徹壱ウェブマガジン（2019年）
第14章　蝙蝠と薔薇の街で胎動する「令和的戦略」　宇都宮徹壱ウェブマガジン（2020年）
第15章　多様性の街から「世界一のクラブ」を目指す理由　宇都宮徹壱ウェブマガジン（2020年）

# フットボール風土記

Jクラブが「ある土地」と「ない土地」の物語

発行日　2020年12月4日 初版
著者　宇都宮徹壱
発行人　坪井義哉
発行所　株式会社カンゼン
〒101-0021 東京都千代田区外神田2-7-1 開花ビル
TEL 03(5295)7723　FAX 03(5295)7725
http://www.kanzen.jp/
郵便為替 00150-7-130339
印刷・製本　株式会社シナノ


ISBN 978-4-86255-574-8　Printed in Japan
定価はカバーに表示してあります。
ご意見、ご感想に関しましては、kanso@kanzen.jpまでEメールにてお寄せ下さい。
お待ちしております。